대화의 격

격 · 格

주위 환경이나 상황에 자연스럽게 어울리는 자세나 품위

인간관계와 자기긍정감을 높이는 대화의 기술 60

대화의 격

김준호 지음

드림셀러

대화를 시작하며

'**격** (格)'은 절대적인 가치가 아니다. 나를 보여주는 데 있어 최소한의 자세와 태도에 관한 이야기다. 휴대전화 하나로 모든 것이 가능하고 유명세 하나면 만사형통인 세상에서 그런 고리타분한 기준이 주는 의미는 무엇일까?

세대와 성별 그리고 이념이 충돌하는 시대다. 뉴스를 통해 전하는 수많은 갈등은 이런 의문을 가져온다. "과연 이 모든 것들을 대화로 풀어낼 수 있을까?"

올림픽 마라톤 영웅에게는 월계관을 씌워준다. 이 의식은 고대 그리스에서 유래했다. 전쟁에서 승리한 장군에게 사제들은 월계관을 씌워주며 뼈 때리는 교훈을 남겼다. "당신도 언젠가는 죽는다는 걸 늘 기억하시오." 수많은 죽음 위에 세워진 영웅이라는 칭송이 결코 축하할 일만은 아니라는 의미였을까.

월계관은 월계수의 줄기를 엮고 잎으로 장식해 만든다. 월계수 나무는 승리와 영광을, 잎은 불변을 의미한다. 전쟁의 승리를 찬양함과 동시에 변치 않는 충성을 명하는 것이었으리라. 반전은 꽃에 있다. 월계수꽃의 꽃말은 불신과 배반이다. 화려한 꽃다발이 아닌 줄기와 잎으로 만든 소박하고 담백한 하사품의 이유가 아닐지.

삶에서 소중한 것들을 지키기 위해 싸움은 불가피하다. 하지만 최고의 승리는 싸우지 않고 이기는 것이라 했다. 최고의 대화도 화려한 수사학적 기술보다 아무 말 없이 서로의 마음을 알아채는 것일지 모른다. 그러나 인간의 마음은 은하계처럼 뚝뚝 떨어져 존재하는 각각의 우주와 같다.

꽃비가 내리는 봄날, 석가는 제자들 앞에서 연꽃잎 하나를 집어 들더니 비틀어 보였다. 다들 어리둥절한 표정을 지을 때 가섭(迦葉)만이 엷은 미소를 지었다. 염화미소의 일화는 다양한 해석으로 존재해왔다. 내가 불교의 교리로서가 아니라 소통의 측면에서 내린 해석은 '삶'과 '죽음'을 항상 기억하라는 것이다. 모든 인간은 결국 세상 만물처럼 잠시 머물고 사라질 것이기 때문이다.

마술경연대회에 베테랑 선배 마술사가 축하 무대를 펼쳤다. 작은 나뭇가지에서 꽃이 핀다. 이는 마술사의 손에서 흰색 수건으로 변한다. 마술사는 이 수건 한 장으로 인간의 생로병사를 표현해냈다. 마임과 같았다. 수건 한 장은 아이의 기저귀와 턱

받이에서 시작해 고된 노동의 땀을 닦는 수건이 되었다가 시위 현장의 머리띠가 되기도 했다. 이는 다시 넥타이로 변신했고, 자신의 아이 얼굴을 닦은 손수건이 되었다. 이윽고 늙고 병들어 토해내는 피를 받는 도구였다가 마침내는 영전에 놓인 한 송이 국화로 다시 탄생하며 액트(하나의 막)는 마무리되었다.

애잔한 첼로 연주가 잦아들며 무대와 객석에는 긴 침묵이 이어졌다. 조용히 눈물을 닦는 손길과 들썩이는 어깨들이 카메라에 잡혔다. 평생을 마술에 바쳐온 마에스트로의 무대는 소박하고 담백했지만 울림이 깊고 여운은 길었다. 모두의 마음이 하나되는 순간이었다. 경연자와 관객 가릴 것 없이 삶이라는 긴 여정에 나선 친구들이라 다독이는 것만 같았다. 홀연히 퇴장하는 그를 향해 관객들은 눈물과 박수 그리고 엷은 미소를 던져주었다.

가족과 함께 방송을 보던 나는 끝내 내 방으로 뛰어 들어와 흐느끼고 말았다. 마술 장인이 남긴 무언의 메시지가 이심전심 전해졌기 때문이다.

나는 병원 중환자실에서 이 프롤로그를 썼다. 책을 쓰고 출간하는 동안 아버지 몸에 자리한 암 세포는 더 고약해져 갔다. 지난한 항암의 전쟁은 끝내 패배로 끝이 났다. 아버지가 선택할, 아니 우리 가족의 선택지는 두 가지였다. 수술을 통해 환부를 완전히 도려내고 항암 치료를 이어가는 길. 다른 하나는 암과 함께 살아가며 전이를 막는 길이었다. 의사의 의견은 명확했다.

수술이었다.

결국 우리는 항문을 포기하고 장루라는 주머니를 복부에 차는 것을 선택했다. 위험을 무릅쓰고 수술의 길로 들어선 것은 아버지의 말 한마디 때문이었다. "미안하다. 아들 휴가도 망치고. 이전처럼 같이 둘러앉아 편히 밥이라도 먹으면 소원이 없겠는데…."

수술 후 극심한 통증을 막기 위해 마약성 진통제를 달아드렸다. 장루에 찬 배변을 치우고 소변을 받아내며 삶을 생각했다. 아버지는 중간 중간 의식이 들었고, 그때 나누는 짧은 대화가 언제든 우리가 나누는 마지막 대화가 될지도 모른다고 느꼈다.

삶은 쏘아 놓은 화살과 같다. 젊은 시절엔 엄청난 속도에 경도되어 시간 가는 줄 모르다가 점차 세월의 흐름을 느끼기 시작하는 중년이 되면 어떻게든 시간을 잡아 보려 허우적댄다. 하지만 여의치 않다. 활시위가 힘차게 전한 에너지가 모두 소진될 무렵에는 한없이 지루한 시간이 찾아온다. 비행을 멈추고 떨어질 날이 머지않다.

가수 신해철은 살아생전 노랫말로 우리에게 물었다. "세월이 흘러가고 우리 앞의 생이 끝나갈 때 누군가 그대에게 작은 목소리로 물어보면 대답할 수 있나. 지나간 세월에 후회 없노라고, 그대여."

삶의 평등한 명제는 '누구나 죽는다'다. 그리고 모두에게 공평한 가치는 '시간'이다. 누군가와 대화를 나누는 것은 영혼을 담은 두 소리가 만나 한 번뿐인 시간을 나누는 행위다. 어쩌면 이 대화는 서로가 이 세상에서 나누는 마지막 대화일 테다. 그런데도 누군가를 미워하고 험담하며 좋은 시절을 허비할 셈인가.

찬란하게 꽃을 피우는 시기는 누구에게나 한 번쯤은 찾아온다. 비록 그 시간이 찰나에 가까워 배신감을 느끼지만 말이다. 인생의 화려한 것들은 꽃처럼 우리를 유혹한다. 우리는 찰나에 피고 지는 화려함에 도취해 주변의 작고 소중한 것들을 놓치곤 한다.

말로 통하지 않고 마음에서 마음으로 전하는 소통, 연꽃을 잡고 미소 짓는 스승과 제자 그리고 마술사의 손수건 한 장으로 전해지는 인생의 축소판은 반목과 갈등을 넘어설 지혜를 준다.

미소.

진실한 미소만큼 완전한 대화가 있을까. 때로는 붉으락푸르락 화가 나 서로를 향해 목소리를 높이고, 때로는 상처받은 마음을 풀 길 없어 동굴 속으로 찾아들지 모른다. 그러나 우리는 이내 미소를 지을 것이다. 그리고 다시 서로를 마주할 것이다. 우리는 인생을 온전히 살아내는 성공의 과정에 함께 있기 때문이다.

미소 지어라.

사람들을 향해, 당신의 삶을 향해.

차 례

4장 적격 · 適格　　서로의 벽을 낮추는 상호성의 격률

5장 결격 · 缺格　　표현의 명료함을 더하는 적절성의 격률

1장

당신을
주목하게 하는
독창성의 격률

破格
一

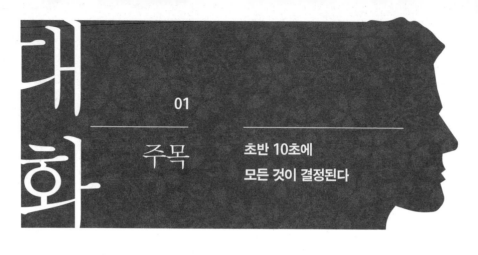

솔로들의 만남을 주선하는 프로그램이었다. 첫인상만으로 남성이 여성을 지목해 5분간 대화의 시간을 갖는다. 언뜻 보기에도 주뼛거리는 모습이 확연한 남성의 차례가 왔다. 잔에 와인을 먼저 따라야 하는데 와인 따는 것에 익숙하지 못한 나머지 안절부절못하며 시간을 허비한다. 여성의 표정이 미묘하게 굳어진다. 결국 제작진이 대신 와인을 따고 잔에 따라주자 이윽고 둘의 대화가 시작된다.

그런데 남성의 첫 이야기가 내 귀를 의심케 했다. "사실 어제부터 속이 좀 안 좋아요. 단골집에서 냉면을 먹었는데 평소보다 맵더라고요."

남성의 말에 여성은 어색한 웃음을 지었다. 아마 속으로 이렇게 말하고 있지 않았을까. '그래서? 어쩌라는 건데?'

아나운서 공채 과정에서 보통 1차 시험은 카메라테스트다. 준비생 시절 가장 믿기 힘든 카더라(근거 부족한 추측)가 있었다. "사실 뉴스는 첫 줄만 들으면 붙일지 떨어뜨릴지 답이 나와." 몇 년을 공채 하나만 바라보고 준비한 지원자들인데 불과 10초 만에 당락을 결정할 수 있다니 말이 되는가? 아나운서가 되고 몇 년이 흐른 후 내가 면접관이 돼서야 그 말이 사실임을 알게 됐다. 정말 단 한 줄이면 충분했다.

사랑에 빠지는 시간은 단 3초라고 한다. 짧게 편집된 영상에 길들여진 때문일까. 사람들이 대상에 주목하는 시간도 평균 7초인 시대다. 첫인사를 나누는 순간의 중요성이 더 커졌다. 그래서 취업 면접을 준비하는 지원자들에게 내가 강조하는 부분은 남들과 같은 말로 입을 떼지 말라는 것이다. 절대 하지 말아야 할 시작은 "안녕하십니까? 수험번호 ○○○번 아무개입니다" 이다. 가장 중요한 초반 5초를 의미 없는 말로 허비하는 꼴이다.

대화에 있어 첫인상이 중요한 이유는 당신을 대하는 상대의 태도를 결정하기 때문이다. 면접 지원자나 영업사원에게 어쩌면 첫인상은 정말 마지막 기회일 수 있다. 초반 10초의 이미지는 그만큼 상당한 파급력을 갖는다.

기업의 신입사원들을 교육하며 내가 강조하는 부분은 '명함 인사'다. 인상적인 10초의 인사말로 고객 마음의 벽을 허물고 들어서는 방법이다. 영업사원이 거래처 담당자와의 첫 만남에 명함을 건네며 "안녕하세요. ○○○입니다. 처음 뵙겠습니다"

하는 것과 "어떤 현장이든 원하는 철강재를 필요한 시간에 공급해드리겠습니다. ○○제강 ○○○입니 다"라고 하는 것은 하늘과 땅 차이다. 이를 위해 다음 세 가지 질문에 대한 당신의 답을 명확히 가지고 있어야 한다.

하나. 오늘 만남에서 내가 이루고자 하는 목표는 무엇인가?
둘. 상대가 나에게 혹은 우리에게 원하는 것은 무엇인가?
셋. 그 요구에 부합해 서로의 이익을 극대화할 우리의 전략은 무엇인가?

> **탁구는 테니스나 배드민턴처럼 공을 정면으로 맞추는 게 아닙니다. 쓸어준다는 심정으로 쳐야 해요.**
>
> _스포츠 명언

대화는 종종 탁구에 비유된다. 말은 탁구공과 같이 신중하게 다뤄야 하기 때문이다. 탁구공은 작고 가벼워서 강하게 때리면 공중으로 뜨거나 돌진해 상대를 맞추고 만다. 달래듯 먼지를 쓸어 담듯 넘겨야 테이블을 벗어나지 않는다.

와인을 따지 못해 초반 시간을 낭비한 것은 분명 시작부터 덜컥거린 셈이다. 그럼에도 남성에게는 입을 열고 분위기를 반전시킬 시간은 충분했다. 이를 위해 스몰 토크small talk인 자신의 근황으로 대화의 문을 열었지만, 결과는 엉망이 되었다. 당황한 이들이 저지르는 더 큰 실수는 스스로 다른 문을 여는 것이다. 꺼낸 주제를 마무리하지도 못했는데 말이다. 이를 일명 횡설수설(橫說竪說)이라고 한다. 이러쿵저러쿵 말을 조리 없이 늘어놓음을 뜻한다.

대화는 친목 탁구와 같다. 상대가 치기 좋게 공을 넘겨야 한다. 하지만 남성은 혼자 헛스윙만 하다가 급기야 거친 스매싱으로 상대를 때리고 말았다. 그렇다면 이렇게 해보면 어땠을까? "어제 매운 냉면을 먹고 탈이 났지 뭐예요. 매운 음식 좋아하세요? 함흥냉면 드세요, 아니면 평양냉면 드세요?" 그런 후 적당히 대화의 접점에 다다랐다면 주제의 마침표를 찍어야 한다. "아! 을지로에 물냉면 잘하는 집 있어요. 기회가 되면 같이 드시러 가요."

대화는 삐끗하면 테이블을 벗어나는 탁구공과 같다. 초반 대화에서 상대의 입이 닫히는 순간 공감과는 멀어진다. 그러나 잊지 말아야 할 것이 있다. 아무리 속도의 시대라고 해도 긴 호흡의 장편소설을 여전히 좋아하는 사람도 있으며, 한두 번의 실수를 차분히 봐 넘기는 관대한 사람들도 많다는 사실이다. 할 말을 잃게 만드는 것보다 더 최악은 귀를 닫게 하는 것이다.

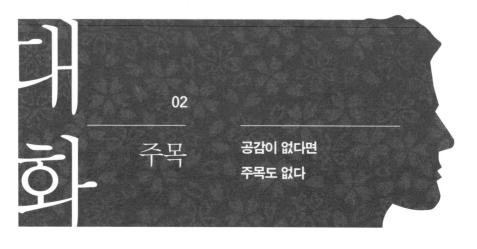

주목

**공감이 없다면
주목도 없다**

"Attention, Bow(주목, 인사)!"

영어 시간에 이렇게 외치던 반장을 기억하는가? 이 말은 어떤가? "담임, 떴다!" 쉬는 시간의 달콤함에 취해있던 학생들은 보초병의 외침에 동작을 멈추고 순한 양이 된다. 주목은 권력의 속성과 닮았다. 반장의 말 한마디, 담임선생님의 등장만으로 입을 닫고 한 곳을 바라보게 되는 것은 '힘'이 작용했기 때문이다.

사람들이 새로운 것에 주목하고 많은 이가 주목할수록 영향력은 커진다. 권력은 타인에게 영향력을 행사할 수 있는 일종의 힘이다. 권력의 영어 단어가 power인 이유다. 어원을 거슬러 올라가면 라틴어 포테스타스_{potestas}에 닿는다. 이는 '능력'이라는 뜻이다.

누군가를 설득하는 것도, 나의 말에 동의를 얻어내는 것도 대화의 기술을 배우고 활용하며 키워갈 수 있는 하나의 능력이다. 타인의 주목을 이끌어낼 수 있다면 힘을 가지게 된다.

반장이 부르면 다야?

반장이 부르면 가서 대령해야 하느냐고?

_영화 〈우리들의 일그러진 영웅〉 중에서

관계에서 내가 미칠 수 있는 영향력의 범위를 넓히기 위해서는 먼저 당신을 주목하게 해야 한다. 주목은 성공적인 대화의 시작이며 전부다. 미국의 심리학자 앨버트 메라비언이 발표한 '메라비언의 법칙'에 의하면 탁월한 외모를 가졌다면 조금 더 수월하다. 그러나 설령 당신이 원빈과 김태희가 울고 갈 미남 미녀라 해도 초반 10초에 치명적인 실수를 저지르고 나면 수습하기 어렵다.

반장의 말에 주목하는 것은 그의 힘이 아니라 담임선생님이라는 권력이 작용했기 때문이다. 같은 의미에서 외모도 실력인 세상이지만 오롯이 자기 능력이라고 할 수는 없다. 아나 다를까 아나운서 준비생 대상 강의에서 예상치 못한 반발이 나왔다. "선생님의 말씀은 예쁘지 않으면 시험도 보지 말라는 것 아닌가요?" 대단히 오해한 모양이었다.

내가 대답했다. "흠, 그렇게 이해했다면 당장 다른 반으로 옮겨가도 좋아요. 그 전에 모든 지원자가 여의도 공원에 한 줄로 나란히 섰다고 상상해봐요. 그 중 누가 가장 예쁜지를 가리는 것이 가능할까요? 그렇다면 학생은 다른 지원자에 비해 외모로 돋보일까요?"

공격적인 반문에 당황한 학생은 이렇게 얼버무렸다. "흠, 그럴 수도 있죠! 그걸 누가 알아요?" 모두가 그녀와 나의 대화에 초집중해 좌중에는 정적이 흘렀다.

다시 내가 대답했다. "맞아요. 아무도 모르죠. 그래서 학생이 지금 이 수업을 듣고 있는 겁니다. 1년에 한 번인 시험의 명운을 그런 불확실성에 걸지 않기 위해서죠."

"탁월한 외모가 불확실성이라고? 우리 사회에서 정말 그래?" 눈을 동그랗게 뜨고 묻던 친구의 말이 기억난다. 그렇다. 우리가 새삼 말하기를 공부해야 할 명분도 여기 있다. 권력은 언젠가 소멸한다. 온전히 지속되는 힘은 자신의 능력뿐이다. 당신을 주목하게 하는 요인이 당신의 감투이거나 외모여서는 안 된다. 명분을 잃은 권력이 몰락하듯 본질에서 멀어진 주목은 지속되지 않는다. 강의의 마무리는 이랬다.

"여러분 모두는 누군가에게 사랑받는 존재며 세상에서 가장 아름답고 멋진 사람들이에요. 그러나 외모의 비교우위는 항상 존재합니다. 왜냐고요? 미의 기준은 주관적이기 때문이죠. 주목이 단지 사람들의 시선을 모으는 데 그치는 것이라면 아주 간단한 방법이 있어요. 손을 번쩍 들거나 대뜸 의자를 박차고 일어서는 등의 행동이죠. 그게 다입니다. 결국 당신이 입을 열고 무언가를 말하지 않을 수는 없으니까요."

나를 비롯해 모두의 이목을 끄는 데 성공했던 학생은 다음 수업에도 출석했다. 단지 시선을 받는 것에 그치는 것은 주목의 역할이 아니다. 대화를 통해 상대의 관심을 지속하려면 어떻게 해야 할까? 다음 세 가지의 고전적 방법이 있다.

하나, 전혀 새로운 이야기로 놀라움을 주는 것이다.
예상을 뛰어넘는 충격적 이야기로 놀라움을 선사하거나 활어처럼 신선한 인용으로 감탄을 자아내는 방법이다. 맥락이 살아있는 충격적인 이야기나 신선한 인용은 논리보다 효과적이다.

둘, 상대가 평소에 관심을 가지는 주제를 꺼내 드는 것이다.
상대의 관심사나 현재 처한 상황에 맞춘 이야기로 대화를 시작하는 방법이다. 분홍색 안경을 쓴 이들 눈에 세상은 온통 분홍빛이다.

셋, 상대방에게 이익이 되는 이야기임을 각인시키는 것이다.
'이건 나에게 도움이 되는 이야기인걸?'이라는 생각이 들게 하는 방법이다. 굳이 두 개가 필요 없어도 사람들은 1+1 상품을 집어 든다. 한 개도 사지 않는 게 이익임에도 말이다.

혁신의 아이콘 스티브 잡스가 미래를 바꿀 엄청난 발명으로 언급했던 1인 이동 수단이 있었다. 바로 세그웨이Segway다. 오늘날 취미나 레저 관련 틈새시장에서만 간신히 살아남았다. 패인은 두 가지다. 하나는 과도하게 비싼 가격, 다른 하나는 안정성에 대한 의구심이었다. 당시 조지 W. 부시 대통령이 세그웨이를 타다 넘어지는 장면이 언론에 노출됐다. '부드러움'이라는 의미의 segue에서 출발했지만 친절하지 못한 가격이 외면을 불러왔고, 부드러운 주행보다는 안전함을 원하는 대중의 속성을 파악하지 못한 채 역사 속으로 잊혀갔다.

하나의 사회를 이끈다는 소위 오피니언 리더들은 가장 큰 덕목으로 공감을 꼽는다. 새로운 것은 눈에 띄고, 눈에 띌수록 중요한 것으로 인식되지만 그 새로움의 이면에 공감이 존재하지 않는 한 무엇이든 지속할 수 없다. 독창성 또한 세상에 없던 혁신과 파격을 의미하진 않는다. 주목은 남들보다 목소리가 크다고 해서 또는 듣지도 보지도 못한 신기한 언어를 구사한다고 해서 받을 수 있는 것이 아니다. 세상의 동의를 구하지 못한 파격은 그저 기행일 수 있다. 공감이 없는 곳에는 주목도 공존도 없다.

대화 초반 10초를 위한 세 가지 질문

하나, 오늘 만남에서 내가 이루고자 하는 목표는 무엇인가?

- **면접** : 경쟁자들과 견주어 명확히 더 나은 수치화된 평가를 얻어내는 것이다.
- **영업** : 상대 회사에서 가져올 우리의 목표치와 예상 수익이다.
- **소개팅** : 상대 여성 혹은 남성의 호감을 얻어 두 번째 만남을 이어가는 것이다.

둘, 상대가 나에게 혹은 우리에게 원하는 것은 무엇일까?

- **면접** : 당신이 지원 회사에 애정을 가지고 오랜 시간 열심히 일할 후배 혹은 신입사원이 될 수 있는지의 여부다.
- **영업** : 당신 혹은 당신의 회사가 제시하는 조건이 명확히 그들이 원하는 바에 근접해 있는지의 여부다.
- **소개팅** : 오랜 솔로 생활을 청산하고 마음이 맞는 이성과 즐거운 연애를 시작하고 싶은 바람을 당신이 이루어줄 수 있을지의 판단이다.

셋, 그 요구에 부합해 서로의 이익을 극대화할 우리의 전략은 무엇인가?

- 성실히 오래 일할 인재라는 것을 어떻게 보여줄 것인지 고민한다.
- 상대 회사가 원하는 바를 먼저 제시했다면 이를 지키기 위한 증명 자료를 준비한다.
- 이 만남을 통해 서로 긍정적으로 발전할 수 있다는 기시감을 느끼게 하는 것.

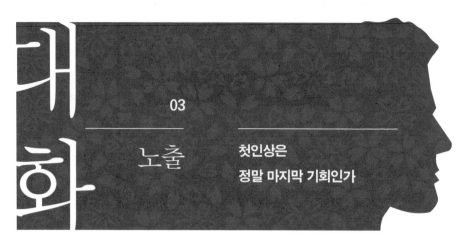

노출

첫인상은
정말 마지막 기회인가

또 다른 러브 버라이어티로 시선을 돌려 보자. 이혼의 아픔을 딛고 새로운 출발을 위해 남녀가 모여 심리 게임을 펼치는 프로그램이다. 저마다의 사연이 있는 남녀가 며칠 동안 독립된 공간에서 서로를 탐색하고 짝을 이루는 과정이 그려졌다.

정보공개 시간이 유독 눈에 띄었다. 직업과 나이 등 사적 정보를 단계별로 하나씩 공개한다. 모두가 주목하는 정보는 자녀의 유무로 관계의 지각변동을 일으키는 결정적인 노출로 작용했다. 사랑스러운 아이가 누구에겐 새로운 관계의 연결고리가 되기도 하고, 새 출발을 막는 장벽이 되기도 했다.

관계를 형성하는 방법을 일목요연하게 정리할 수 있을까? 심리학자들은 서로에게 드러내는 개인적인 정보에 주목했다. 통상 자기노출self-disclosure이라고 칭한다. 대화를 통해 드러내는 정보들은 양날의 검과 같아서 자신에게 득이 되기도, 독이 되기도 한다. 사람들은 자신의 사적이고 은밀한 부분을 드러내는 걸 꺼린다. '부담스러워 하면 어쩌지?' 혹은 '괜히 얘기했나 봐'와 같이 부정적인 결과를 떠올리기 때문이다. 스스로 드러낸 정보로 인해 돌아올 반응과 결과의 책임은 전적으로 자신에게 있다.

개인이 노출하는 정보를 세 가지 측면에서 살펴보자.

1. 영역의 측면

심리학자 조셉 루프트와 해리 잉햄은 정보의 내용에 따라 네 가지 영역으로 나눴다. 하나, 자신도 알고 상대도 아는 정보다. 둘, 자신은 모르는 이야기다. 셋, 자신만이 알고 있는 내용이다. 넷, 아무도 모르는 사실이다.

앞서 프로그램의 모든 출연자는 정보를 일체 나누지 않고 아무도 모르는 영역에서 출발한다. 이후 모두가 모인 자리에서 나이와 직업을 공개해 서로가 아는 영역을 열어준다. 그리고 가장 중요한 나만 아는 영역이었던 자녀의 유무를 이성 중 일부에게만 공개한다. 단, 누가 누구의 정보를 봤는지는 공개하지 않는다. 나는 모르지만 상대는 아는 영역을 만들어 프로그램의 재미를 배가시키는 전략이다.

2. 방식의 측면

서술적 노출과 평가적 노출이다. 돌아온 싱글들은 숙소에 짐을

푼 첫날 다 함께 술을 곁들인 저녁을 먹는다. 본격적으로 탐색이 시작된다. 한 남성이 물었다. "주량이 어떻게 되세요?"

그러자 여성이 답한다. "와인 한두 잔 정도는 마실 수 있어요." 이는 서술적 측면이다.

이번에는 여성이 묻는다. "술 잘 드실 거 같은데, 주량이?"

그러자 남성이 한발 더 나아간다. "폭음은 해롭잖아요. 맥주는 배가 불러서 소주를 좋아해요. 세 병쯤." 개인의 감정과 의견 그리고 판단이 더해진 평가적 자기노출이다. 호구 조사가 이어졌다. "형제는 어떻게 되나요?"

여성이 대답한다. "삼 남매 중에 오빠가 둘이 있고, 저는 막내입니다." 이처럼 자신에 대한 정보와 사실 위주의 공개는 서술적 노출이다. 반면 "누나들만 있다 보니 형이나 남동생을 둔 친구들이 부럽습니다"라고 하는 것이 평가적 자기노출이다.

3. 관계의 측면

대화에 있어 가장 중요한 점은 개인적 자기노출인지 상대와의 관계나 상호작용에 대한 관계적 자기노출인지의 여부다. 새로운 반려를 찾으러 나선 방송이다. 마음에 드는 이성이 있는 출연자들은 초반부터 거침없이 관계를 염두에 두고 자신을 어필한다. 호응하는 이성의 마음에 따라 극과 극의 결과를 낳는다. 같은 마음이라면 새치름하게 맞받을 수 있지만 다른 결이라면 부담스러울 것이다. 서로 취기가 오르면 대화는 더욱 과감해진다. 여성이 말했다. "전 지방에 근무하고 있지만 이번에 좋은 분 만나면 서울로 오려고요! 서울에 사시죠?"

서로 호감을 느낀 남녀가 둘만의 대화를 이어갔다. 여성이 말했다. "엄마랑 살았어요. 처음 이혼 이야기를 꺼냈을 때 우시더라고요. '너만은 잘살길 바랐는데. 대물림할 게 없어서 이혼까지냐'라고 하시면서요. 아버지가 새살림을 차리셨거든요. 우리를 버린 셈이죠. 여기 출연하는 것도 비밀로 했어요. 상처가 되실까 봐. 전 또 결혼하게 된다면 가족만 바라보는 남자를 선택할 거예요." 남성은 여성의 말에 알 수 없는 표정을 지었다.

여성의 말을 들여다보자. 아버지를 중심에 둔 가족사는 자신만 알고 있는 영역이다. 서술적 측면이 다소 보이지만 전체적으로는 평가적 자기노출을 했다. 눈여겨볼 부분은 서로의 자세한 정보를 공유하기도 전에 결혼을 염두에 둔 관계적 자기노출을 했다는 점이다. 술기운을 빌려 너무 멀리 대화를 가져가고 있었다. 남자가 그에 준하는 자기노출을 하지 않으며 묘한 분위기에서 대화는 마무리됐다.

여성의 솔직한 대화가 과연 남성의 마음에 어떤 변화를 가져왔을까? 아직 서로에 대해 숨겨진 정보들이 많은 상황이었다. 그들에게 주어진 시간은 불과 며칠이다. 돌다리를 두드리듯 신중한 태도를 보인 남성은 과감히 속마음을 보여주는 여성에게 어떤 감정을 느꼈을까?

이처럼 자기노출은 결과를 장담할 수 없는 미묘한 줄다리기다.

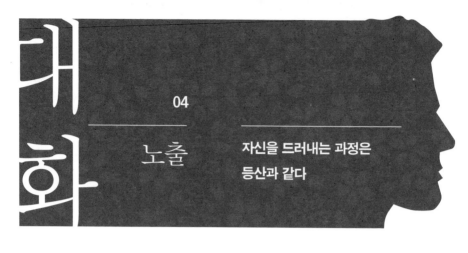

04

노출

자신을 드러내는 과정은
등산과 같다

그녀는 외딴 시골 마을에서 사생아로 태어나 여섯 살까지
할머니와 살았다. 감자 포대로 옷을 만들어 입을 정도로
가난했다.엄마와 살게 되면서 가난보다 더 고통스러운 삶이 시
작된다. 청소 일을 하는 엄마가 집을 비운 사이 아홉 살 어린 소
녀는 사촌 오빠와 친척, 엄마의 지인에게서 성폭행을 당한다.
열네 살 무렵엔 아빠가 누군지도 모를 아이를 임신한 채 한 번
도 본 적 없는 친부에게 보내진다. 조산으로 태어난 아기는 한
달 만에 세상을 떠난다. 그녀는 쉽게 밝힐 수 없는 이 모든 경험
들을 자신의 언어로 대중에게 고백했다.

바로 오프라 윈프리Oprah Gail Winfrey의 이야기다. 그녀는 처절하
기까지 한 과거를 대중에게 가감 없이 노출하며 자신감을 얻는
장치로 활용했다. 그녀는 기회가 될 때마다 이렇게 말했다.

"제 자신감이요? 스스로 기꺼이 약해지고자 하는 의지를 다지니 자연스럽게 생기더라고요. 인생에 있어 가장 큰 비밀은 말 못 할 큰 비밀 따위는 없다는 거예요. 당신의 목표가 무엇이든 의지가 있다면 달성할 수 있어요."

"연예인의 출세기를 평범한 사람들의 일상 대화에 적용할 수 있나요? 제 비밀을 다 말했다가는 주변에 아무도 남지 않을걸요." 취업 면접 대비 특강 중 나온 여학생의 말이다. 전혀 틀린 이야기도 아니다. 노출에 있어서 가장 중요한 요소는 단계에 따른 적정선이다. 이는 마치 등산과 같다. 초반의 지나친 정보공개는 관계를 그르칠 위험이 높다. 산 정상까지 가려면 아직 한참 남았는데 일찌감치 체력을 소진하고 나면 중도에 하산해야 할지 모르기 때문이다.

스몰 토크라 하지 않는가. 관계의 초기에는 나이와 직업, 취미 등의 가벼운 정보와 더불어 대화의 주제도 날씨나 계절 같은 부담스럽지 않은 것들이 주를 이룬다. 덜컥 "부모님은 사이가 좋으신가요? 저희 부모님은 일찌감치 따로 사세요" 혹은 "요즘 뉴스를 보면 사회가 참 문제예요" 등의 단계를 건너뛴 이야기는 대화 테이블 위에 던져진 수류탄과 다름없다.

첫인상의 감정에 취해 섣불리 내놓은 자신의 정보들은 대화의 방해물이 된다. 성숙한 사이에서 털어놓은 지극히 개인적 비밀이 어느 순간 날카롭게 날이 선 부메랑으로 돌아오는 경우도 흔하다. 적절한 단계를 건너뛰었다가는 상대의 마음에 잠시 머물고는 쓸쓸히 짐을 싸야 할지도 모른다.

돌아온 싱글들의 인연 찾기 프로그램에서 자녀 유무와 같이 서로 받아들이기에 크고 무거운 정보big talk는 최종 선택을 앞두고 공개한다. 첫인상이 주는 강렬한 끌림은 노출의 빈도와 강도가 증가할수록 희석된다. 결국 판단은 상대의 내용적 정보에 근거한다.

자신의 가정사를 덜컥 내놓은 여성을 마음에 둔 남성이 말했다. "지금까지 제 마음은 다른 곳에 둔 적 없거든요. 아이가 있는지 없는지 공개하고 나서도 우리가 다시 이야기할 수 있으면 좋겠어요."

과연 여성에게는 자녀가 있을까? 아니면 둘 모두에게 자녀가 있을까? 자녀의 유무에 따른 네 가지 경우의 수가 서로의 판단에 어떤 결과를 가져올지 알 수 없다.

자기노출의 두 번째 핵심은 진정성이다. 상대의 자기노출을 온전히 받아들이는 마음이다. 서로 자녀가 있든 없든 끝까지 밀고 나가겠다는 의지가 있다면 정상에서 손을 맞잡고 미소 지을 수 있지 않겠는가. 과연 두 사람은 최종 선택에 앞서 그런 믿음을 쌓았을까.

자신을 내보이는 데 있어 우선 고려해야 할 사항

- 관계의 배경, 상호작용의 여부, 대화의 상황을 먼저 파악하라.
- 종교적 신념, 지역과 인종, 문화의 차이 등을 고려하라.
- 당신의 자기노출에 대한 상대의 수용감수성 정도를 판단하라.
- 관계의 성숙도에 따라 노출의 깊이를 결정하라.
- 당신의 정보에 대한 상대방의 반응을 매 순간 관찰하라.

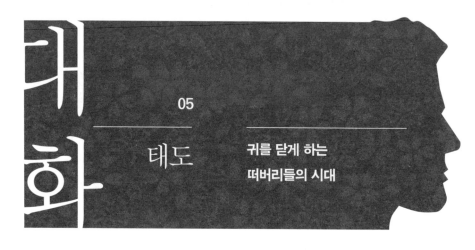

05

태도

귀를 닫게 하는
떠버리들의 시대

몇 해 전 아나운서들의 연말 시상식이었다. 파격적인 언행으로 주목받으며 인기를 누리던 한 남성 방송인이 상을 받았다. 그의 자신만만한 수상 소감이 전혀 귀에 들어오지 않았다. 그는 소위 말하는 셀럽이었다. 충분히 그 인기에 고무되었을 수도 있으리라.

내가 한국방송대상의 앵커상을 받던 날 생방송 무대에서 소감을 전할 때였다. 무대 감독이 자신의 목을 사선으로 그으며 격렬하게 그만하라는 신호를 보냈다. '아차, 수상 소감에 과하게 힘을 주었나?'라는 생각이 스쳤다. 순간 동공의 지진이 머릿속을 하얗게 만들며 말까지 버벅거렸다. 수상자 자리로 돌아와 송골송골 맺힌 땀을 닦고 있는데 수상을 기다리던 한 연기자가 내게 말했다. "아주 제대로 더듬었어요. 그래서 더 좋았어요."

개울가에서 유유히 흐르는 물줄기를 물끄러미 바라보는 초로(初老)의 노인이 있었다. 한 장교가 다가와 물을 건너야 하는데 군화를 벗기 불편하니 업어서 건네주기를 청했다. 잠시 생각에 잠겼던 노인은 건장한 군인을 등에 업고 간신히 발을 떼며 물을 건너기 시작했다.

중령 : 노인께서도 군대를 다녀오셨을 텐데. 사병이셨습니까?

노인 : 네, 다녀왔지요. 장교였습니다.

중령 : 아, 그럼 소령이었나 보군요.

노인 : 조금 더 위였습니다.

중령 : 네? 혹시 대령은 아니겠지요?

노인 : 조금 더 위였습니다.

중령 : 아니 그럼 장군급인 준장이셨단 말씀이세요?

노인 : 조금 더 위였습니다.

중령은 당황해 등에서 내려오려고 했지만 노인은 얼마 남지 않았다며 끝까지 업어주었다. 개울의 반대편에 다다를 무렵 사색이 된 군인이 떨리는 목소리로 간신히 물었다. "어르신께서는… 그럼… 중장이셨나요? 설마 대장?"

마침내 장교를 등에서 내려놓으며 노인이 미소 지었다. "조금 더 위였지요."

미국의 초대 대통령으로 존경받는 대통령의 표상인 조지 워

싱턴의 일화다. 서열 혹은 지위를 가늠하고자 함은 인간의 본능이다. 상대가 먼저 인사하기를 기다리고, 악수는 윗사람이 내리는 하사품이며, 질문은 허락할 사안이라고 생각하는가? 그러면 당신은 위의 이야기 속 장교일지도 모른다.

태도

작은 돌을 실은 수레가 더 시끄럽다

대학 동기 'ㅊ'은 부장으로 승진하고 얼마 안 되어 외부에서 영입된 여성 국장 밑으로 들어갔다. 승진 턱을 내는 자리였지만 그는 내게 고민을 털어놨다. "그녀가 부임하고서 나를 부르더니 몇 가지 결정 사안에 대한 의견을 묻더라고. 그래서 내가 이건 그래서 되고, 저건 이래서 안 된다고 답했더니 나참 기가 차서. 중요한 결정이었거든. 그런데 내 조언과 정확히 반대로 했더라고. 협력사에서 어찌 된 거냐고 항의하고 난리가났어." 전쟁의 서막이었다.

후에 탈이 없으려면 친구 편을 들어줘야 해서 이렇게 물었다. "응? 나이도 비슷하다고 하지 않았어? 조언을 구했으면 일단 따르고 봐야지. 뭐 하는 거지?"

이어서 친구가 해준 상사의 말은 쉽지 않은 미래를 예견했다.

"결정하고 책임지는 일은 내가 합니다. 조언은 고맙지만 앞으로 묻지 않는 건 굳이 찾아와서 얘기할 필요 없어요. 아셨죠?"

《나를 소모하지 않는 현명한 태도에 관하여》의 저자 마티아스는 높은 곳을 힐끔거리며 딸랑거리는 이들의 서열주의를 극복하는 방안으로 올바른 태도를 말한다. 바로 겸손이다. 권력을 가진 이들의 목소리는 거만하며 언행은 우스꽝스럽다. 목에 힘을 주고 발성하는 것을 우리 업계(방송인)에서는 '목을 잡는다'고 표현한다. 어깨와 목에 과도하게 힘이 들어간 그들은 로봇처럼 행동이 부자연스럽다. 주머니에 찔러 넣은 손은 "차마 부끄러워서 양손을 다 내놓고 다니진 못하겠어요"라고 말하는 듯하다. 높은 곳을 바라보는 모두가 그렇다는 말은 아니니 오해하지 말자. 혹여 욱하는 이들이 있다면 이렇게 위안하라. "주목의 목적이 단순히 눈길을 사로잡는 데에만 있다면 우리도 성공한 거 아니야?"

근무하는 태도가 성실한 선배라면 행동뿐만 아니라 그의 말에서 이는 드러난다. 모든 태도는 저마다의 형체를 갖추고 행동과 언어로 고스란히 상대에게 전해진다.

일상의 대화에서 우리는 "그를 어느 정도의 수치로 믿을 수 있어?"라고 묻지 않는다. "그 사람 믿을 만해?" 혹은 "좋은 사람이야?"와 같이 양자 선택의 문제로 귀결된다. 태도는 어떤 일이나 상황 그리고 사물이나 사람을 대하는 마음가짐이며, 그 마음은 대상을 대하는 입장이나 자세로 드러난다.

나의 태도는 표정과 몸짓 그리고 언어로 상대에게 전달되며 그를 통해 상대가 나를 대하는 태도의 방향 또한 결정된다. 존중받고 싶으면 상대를 존중해야 한다. 나의 언어 태도가 부정적이면 나는 부정적인 사람이 된다. 부정적인 사람을 좋아하는 이는 없다. 설사 그 역시 부정적인 사람이라도 말이다.

문제는 고도altitude**가 아니라 태도**attitude**다.**
산행의 본질은 정상을 오르는 데 있는 것이 아니라
고난과 싸우고 그것을 극복하는 데 있다.

_ 앨버트 머메리(산악인)

친구 'ㅊ'과 상사의 이야기로 돌아가 보자. 'ㅊ'은 먼저 상사를 존중하는 태도를 보여야 한다. 부정적인 결과물의 책임은 상사에게 있다. "내가 하라는 대로 안 하더니 꼴좋다"와 같은 생각은 결국 행동과 태도로 상사에게 전해질 수밖에 없다. 직위가 바뀌지 않는 한 그가 서열을 위협하면 부정적 화살이 자신을 향할 것이다. 그는 여성 상사라는 편견을 내려놓고 태도의 방향성을 긍정으로 돌려야 한다.

또한 상사는 서열을 잊고 겸손하게 'ㅊ'의 업력을 인정해야 한다. 조언을 따랐다가 실패하게 된다면 'ㅊ'은 태도를 바꿀 가능성이 높다. 조언과 반대로 해서 좋은 성과가 났다면 "조언해준 덕분에 협력사로부터 큰 성과가 돌아왔어요. 고마워요"라고 겸손하게 공을 넘겨라. 직위가 바뀌지 않는 한 'ㅊ'에게 지는 것이 아니라 그 이외 조직원들의 마음을 얻게 될 테니 말이다.

대화의 기본은 자신을 낮추는 것에서부터 출발한다. 상대의 눈높이가 어디인지 알 수 없으니 스스로 조금 낮추고 물러서 이를 살펴야 한다. 성과는 내세울수록 초라해진다. 묵묵히 쌓인 생활의 기술이 달인을 만들 듯 응당 해야 할 본분을 잘한다고 떠벌리는 사람은 하수다. 이룬 성과가 있다면 이는 나보다 타인이 알아줄 때 가치가 생긴다.

빈 수레가 요란한 이유는 울퉁불퉁한 도로가 주는 충격과 반동이 그대로 전달되기 때문이다. 끌고 가는 데 힘들고 시간이 걸릴지라도 묵직하게 짐을 실은 수레는 요철의 반동을 분산해 받아내며 유연하고 조용히 언덕을 넘는다.

결국 대화도, 관계도, 삶도 나의 한계를 넘어서는 등산과 같다. 머메리의 말처럼 관계에서 어디까지 오를 것인지는 중요하지 않다. 당신이 현재 어떤 위치에 있는 사람인지는 대화에 있어 큰 의미가 없다. 대화와 관계의 결과물이 말해줄 것이기 때문이다. 요란하게 떠벌여 눈길을 받아 봐야 한낱 소음일 뿐이다.

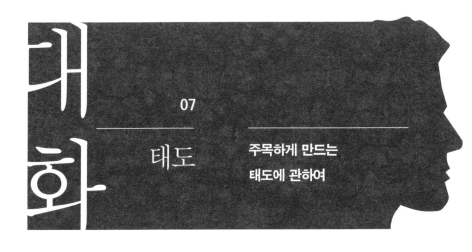

07

태도   **주목하게 만드는
태도에 관하여**

지 하철 맞은편 좌석에 연인이 앉았다. 여성은 애틋하게 남
성을 바라보며 팔짱을 둘렀다. 하지만 남성은 다른 손
에 쥔 휴대전화에 빠져 있었다. 게임을 하는 모양이다. 열 정거
장쯤 지났을까. 남성은 뭔가 생각난 듯 여성에게 짧은 말을 건
넸다. 그러자 여성은 잇몸을 드러내며 웃었다. 다시 남성은 게
임에 몰두했다. 여성은 가끔 남성의 옆얼굴을 바라보았다. 좁은
지하철 좌석에 딱 붙어 앉은 두 사람이지만 마음의 거리는 바라
보는 나와의 거리보다 멀어 보였다. 나는 이렇게 말해주고 싶었
다. "그 남성과 당장 헤어지세요!"

태도 역시 머리의 각도가 아니라 마음의 각도다. 태도는 결국
선택에 영향을 미친다. 일상에서 우리가 예측 가능한 사람을 믿
을 수 있는 이유이기도 하다. 상황에 따라 소신과 태도의 각도

를 달리하는 이들은 그저 기민한 처세를 내세운 기회주의자일
뿐이다.

우리를 주목하게 하는 것은 바로 사람과 세상을 대하는 태도
다. 태도는 후천적 요소에 의해 형성된 개인의 특성이며 이는
행동에 지속적인 영향을 미친다. 태도의 속성을 세 가지 측면에
서 살펴보자.

1. 일관성의 측면 :

태도는 맞고 틀리고가 아닌 신념과 방향의 문제다

종교적 믿음은 자연스레 하나의 방향을 따른다. 예수를 믿는다
고 부처의 가르침을 부정하진 않는다. 예수에 대한 태도가 형성
되었을 뿐이다. 개인의 생각과 믿음 그리고 행동은 항상 방향성
을 지닌다. 그것에서 벗어나면 불편함을 느낀다. 인지부조화는
기존의 믿음과 생각에 반할 때 스트레스를 받는 현상이다. 그런
상황을 회피하려는 본능으로 인해 한 사람이 보이는 특정 태도
의 방향은 쉽게 바뀌지 않는다.

2. 선택의 측면 :

태도는 크고 작고가 아닌 취향과 선택의 차원이다

태도의 단계를 세밀히 구분하기는 힘들다. 논문처럼 '매우 긍정
적이다. 긍정적이다. 보통이다. 부정적이다. 매우 부정적이다'로
세분화해서 자신의 태도를 정하는 사람은 없다. 태도는 대부분

양극단에 놓인다. 좋아하거나 싫어하거나 혹은 긍정적이거나 부정적이거나. 한 번 부정적 방향으로 형성된 태도를 바꾸기 쉽지 않은 이유다. 그렇기에 태도는 극단으로 치닫기 쉽다. 죽고 못 살던 친구가 원수가 되고 사랑했던 사람을 증오하게 되는 것처럼 말이다. 현자들이 중용을 강조한 배경이기도 하다.

3. 경험의 측면 :

태도는 옳고 그름이 아닌 편견과 경험 사이의 줄다리기다

대부분의 태도는 경험 이전에 형성되는 선입견의 영향을 받는다. 태도를 형성하게 하는 것은 풍문이나 소문 혹은 뉴스인 경우가 많다.

첫 경험이 중요한 이유도 여기 있다. 신선하지 못해 누린내가 나는 삼겹살을 처음 접한 사람은 돼지고기를 피하게 된다. 태도는 간접경험을 통해서도 형성된다. "삭힌 홍어에서는 화장실에서 나는 짙은 암모니아 냄새가 나"라고 들은 이에게 홍어는 먹을 수 있는 음식이 아니다. 이처럼 누군가의 치명적 단점을 반복해서 들은 사람은 험담의 희생양에게 부정적인 태도를 형성한다.

긍정적 표현 속에서 자란 아이는 긍정적인 태도를 갖는다. 부정적 정서에 둘러싸인 조직은 생산적인 집단이 될 수 없다. 김연경 선수의 유행어처럼 "해보자. 해보자. 해보자!"라고 외치고, 박상영 선수처럼 "할 수 있다. 할 수 있다. 할 수 있어!"라고 스

스로 되뇌는 태도가 원하는 결과에 다가서게 한다. 언어의 힘과
대화의 역할은 여기에 있다.

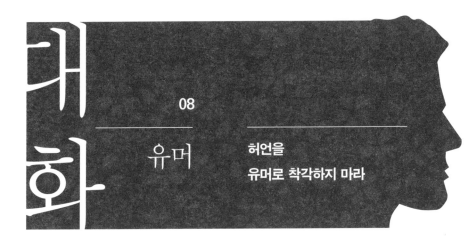

08

유머

**허언을
유머로 착각하지 마라**

무대에 선 강연자가 자신을 바라보는 청중들이 진지하다
못해 엄숙한 분위기를 띠자 이를 감지하고 그들에게 말
했다. "놀라셨나요? 제가 얼굴에 비해 키가 좀 작죠?" 일순간 다
들 무대를 주목했다. 강연자가 이어서 말했다. "저도 좀 놀랐어
요. 여러분이 이렇게 생겼을 줄 몰랐거든요."

이내 청중들은 만면에 미소를 지었다. 다들 숙연한 분위기에
서 벗어나고 싶어서 춘풍이라도 불어와 살며시 간질여주기를
기다린 듯했다. 강연자의 유머 한마디는 마치 긴 장마 사이에
먹구름을 비집고 빼꼼히 가느다란 빛을 내린 볕뉘와 같았다.

유머의 효용성은 여기에 있다. 그 어떤 시작보다도 강력하게
청중의 귀를 사로잡아 당신을 주목하게 하는 힘 말이다.

농담의 사전적 의미는 '실없이 놀리거나 장난으로 하는 말'

이다. 어떤 이는 딱딱한 분위기나 어색해진 공기를 풀겠다며 어설피 실없는 소리를 해댄다. 그러고는 "농담이야!"라는 더 대책 없는 마무리로 대화의 자리를 파탄으로 몰고 가기도 한다.

수준 높은 유머는
자신을 웃음거리로 삼는 데서 비롯된다.
_ 헤르만 헤세

어느 누구에게도 유쾌하지 못한 농담은 유머가 아니다. 유머는 상대를 즐겁게 하려는 분명한 목적을 가지고 있다. 주목할 것은 그 목적의 역할이다. 강연이나 상담 과정에서 청중과 내담자의 긴장을 풀어주는 것이 유머 본연의 기능이다.

헤르만 헤세의 명언은 자신을 비하하라는 의미가 아니다. 여기에는 유머의 철학이 명확하게 녹아 있다. 자신을 낮추고 청중을 존중하는 태도에서 나오는 유머가 진정성을 발휘한다는 의미다. 우리는 일상에서 타인의 외모나 상황을 농담의 재료로 삼는 이들을 쉽게 볼 수 있다. "양악 수술을 했으면 공중파 아나운서로 갔을 텐데"라거나 "양치할 때 치약 흘리지 않게 조심해. 배에 묻을라" 등 신체적 특징을 웃음의 소재로 삼는 사람들이 있다. 이는 유머가 아닌 상대에게 이제는 정리해야 할 관계라는 신호를 주는 허언일 뿐이다.

헤세의 말처럼 못된 농담도 주체를 나로 바꾸면 유쾌한 유머가 될 수 있다. 이렇게 말이다. "저처럼 입이 살짝 나온 사람들은 혀가 움직일 공간이 충분해 발음도 정확하고 노래도 잘한답니다." 또는 "제가 그 어느 때보다 배에 힘을 줄 때가 있어요. 양치할 때입니다. 치약이 떨어지면 낭패거든요."

> 유머는 진지함을 따져 볼 수 있는 유일한 도구다.
> 유머가 가미되지 않은 주제는 수상쩍고,
> 진지한 숙고가 담겨있지 않은 농담은 거짓된 재치이기 때문이다.
> _아리스토텔레스

유머는 이상과 현실을 연결하는 중재자이자 나와 상대를 이어주는 연결고리다. 오랜만에 만난 지인이나 처음 만나는 누군가에게 나를 소개하는 시간이면 간혹 쓰는 유머가 있다. "아직 결혼은 한 번도 안 했습니다." 아나운서라고 하면 어렵게 느끼는 이들이 많아서다. 반응은 항상 성공적이다. 미혼이라는 사실이 부정적으로 받아들여지지 않는 시대적 분위기에 더해 '한 번도 안 했다'라는 표현이 허물없는 유머로 받아들여지기 때문이리라.

야구에서 훌륭한 타자의 지표는 3할이다. 말 그대로 10번 타석에 들어서면 3번은 안타를 친다는 뜻이다. 뉴욕 양키스 출신으로 월드시리즈에서 열 번이나 우승한 경험이 있는 요기 베라는 이렇게 말했다. "슬럼프? 그건 3할 치는 타자한테나 해당되는 말이지!" 그의 명언은 유머에선 반대로 적용해야 한다. "유머? 그건 7할 웃기는 사람에게 해당되는 말이지!" 웃음을 선물하는 건 그만큼 어렵다.

유머가 있는 사람이 되려고 하는 이들은 야구선수만큼은 아니더라도 꾸준한 연습이 필요하다. 그것도 제대로 된 자세와 방법으로 말이다. 이를 통해 7할 이상의 성공률을 보이는 유머를 필살기처럼 장착할 필요가 있다. 그렇지 않다면 유머는 함부로 구사할 화술이 되지 못한다.

아리스토텔레스의 말처럼 진지한 숙고가 느껴지지 않는 그저 그런 농담은 상대의 주의를 흩트리고 당신의 말에 대한 신뢰를 빼앗는다.

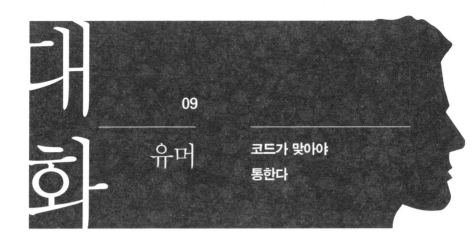

09

유머 　　　코드가 맞아야
　　　　통한다

늘 소개팅에 실패하는 후배가 있다. 하루는 'ㅅ'의 실패 이유를 그의 소개팅 상대를 통해 직접 듣게 되었다. "사람이 너무 진지해요. 우스갯소리라고 하긴 하는데 아재 개그 수준도 못 미쳐서 썰렁해지고…. 세 번은 만나 보려고 했는데 죄송해요."

내가 답답한 마음에 당사자에게 다소 질책하듯 추궁했다. "도대체 무슨 농담을 한 거야?"

'ㅅ'이 대답했다. "네? 아니, 회사 사람들에게 했을 때는 다들 웃었는데. 그냥 저하고 코드가 안 맞는 것 같아요. 너무 멋지고 집안도 좋은 것 같더라고요."

> 사람을 울리기는 쉬워도 웃기기는 어렵다.
>
> 웃음의 코드가 슬픔의 코드보다 다양하기 때문이다.
>
> _ **김주환**(교수, 작가)

일본 내수 가전을 사서 써 본 사람은 안다. 돼지 코(220v를 110v로 전압을 바꿔주는 플러그를 말함)가 필요하다는 것을 말이다. 돼지 코처럼 때로는 전압을 바꿔주는 변압기가 필요하다. 전압이 다르면 코드도 다르다. 코드가 다르면 전기가 통하지 않는다. 심지어 가전제품을 망가트리기도 한다.

《회복탄력성》의 저자 김주환 교수의 말에는 대화와 유머의 기본 조건에 대한 통찰이 담겨있다. 사람의 정서가 통하는 것을 '결이 같다'라고 표현하는 이들이 요즘 제법 많다. '결'이라는 것도 결국 '코드code'다. 코드가 맞지 않으면 전기만 통하지 않는 것이 아니라 말도 통하지 않는다.

코드. 언어학적으로는 정보를 주고받는 규칙을 의미한다. 언어는 약속이라는 이야기와 맥이 같다. 사람들은 누군가가 죽음을 맞이하면 슬픔을 느낀다. 사랑하는 이와 헤어지는 별리는 드라마와 영화의 단골 소재다. 슬픔의 코드는 단순하다는 뜻이다. 반면 누군가가 웃음을 터뜨리는 지점은 다양하다. 누구는 자신의 뒷발에 걸려 넘어지는 일명 슬랩스틱을 보고 재미를 느끼지만 누구는 요소요소에 촌철살인을 날리는 스탠딩 코미디를 좋아한다.

또한 내용적 측면에서도 지극히 개인적인 경험에서 웃음을 터트리는 이들이 있는가 하면, 대중적 유행어에 즉각 반응하는 사람들도 있다. 어떤 이는 야한 농담을 좋아하고 심지어 더러운 이야기에 열광하는 소수도 있다. 코미디 장르의 영화나 드라마가 대박 나기 어려운 이유다.

'ㅅ'은 자신이 소개팅에 실패하고 연애가 힘든 이유를 잘못 해석하고 있다. 그는 상대의 결에 대해 고민해본 적이 없는 듯했다. 자신이 유머에 소질이 없다는 사실도 모르고 있다. 그렇다면 그는 아예 유머를 포기해야만 할까? 뭐, 크게 나쁜 생각은 아니다.

"우리 같이 취업 준비하던 시절 기억나?" 그대로 둘 수는 없어 'ㅅ'을 다시 만나 물었다.

"그럼요. 형, 돌아보면 그때가 참 좋은 시절이었지요."

당시를 회상하며 내가 본론을 이어갔다. "맞아. 그랬지. 그런데 지금 생각해보면 우리 서로 안 맞는 부분이 많았지. 그래도 지금까지 관계를 이어올 수 있는 비결이 뭐라고 생각해?"

그는 다소 어리둥절해하며 대답했다. "네? 그야 같은 꿈을 꾸었고 함께 도전했었고, 제가 여전히 형을 좋아하거든요."

그는 코드의 의미를 이미 알고 있었다. 다만 그것을 유머와 연결하지 못했을 뿐이다. 내가 그에게 마지막으로 해준 조언은 이것이다. "진지한 성격의 사람은 군이 유머를 구사하려고 애쓰는 게 역효과를 가져오지. 대화에 자연스럽게 동화되다가 가끔 던지는 반전의 대사가 필요해. 당연히 평소 준비와 연습이 필요한 부분이야." 그날 그에게 한 이야기를 간단히 정리하면 다음과 같다.

하나. 대화의 흐름에 올라타라.

둘. 상대가 재미있다고 하는 것에 맞장구를 쳐라.

셋. 분위기가 올랐을 때 반전의 유머를 구사하라.

넷. 희화화의 희생양이 필요하다면 그것은 항상 당신 자신이어야 한다.

다섯. 유머는 주목을 끄는 것으로 충분하다. 대화를 지배하게 두지 마라.

유머와 설득에는 공통점이 있다. 바로 공감과 공존의 철학이다. 사람들이 진정으로 미소 짓고 웃음을 통해 감정의 정화를 받는 이유는 다른 이들과 함께 느끼고 공유하기 때문이다. 누군가를 희생양으로 삼아 멸시하거나 전혀 공감하지 못할 권력자의 강요와 같은 농담은 그래서 힘이 없다. 핀잔 속에서도 아재 개그에 미소 짓는 이유는 그 안에 우리의 추억과 삶이 녹아있어서일 테다.

유머로 설득하기는 논리보다 어렵다. 웃음은 지성과 감성이 모두 반응해야 터져 나오기 때문이다. 어쩌면 대화의 고수에게 급수를 부여한다면 상대를 즐겁게 하는 단계에 이른 사람은 최고의 품계를 받게 될 것이다. 어려운가? 그렇다면 적어도 이것만은 기억하자. 유머의 목적은 상대를 웃게 하는 것만이 아니다. 당신의 이야기에 주의를 기울이고, 나아가 대화의 목적을 향해 가는 데 윤활유 역할을 위한 것이다.

코드가 맞아야 유머가 통한다. 웃으면 대화가 통한다.

POSTSCRIPT

'ㅅ'의 소개팅에 대해 또 다른 이야기를 들었다. 농담을 하고 나서 반응이 없자 심하게 겸손한 주제로 넘어간다는 것이었다. "사실 꿈꾸던 일이 있었는데 이루지 못했어요. 지금 하는 일을 오래 하다 보니 관성처럼 하고 있지만 좋지 않아요"와 같이 말이다.

유머를 통해 웃음을 이끌어내면 자신감이 생겨 대화나 강연을 잘 풀어낼 수 있다. 반대로 시작 단계에서 어긋나면 생각이 꼬이며 자신의 단점을 드러내는 실수를 하게 된다. 유머가 실패했을 경우는 유쾌한 사회적 이슈를 꺼내 들어라. "이번 올림픽 양궁 보셨어요? 대단하죠. 40년간 우승을 놓치지 않다니 놀라워요."

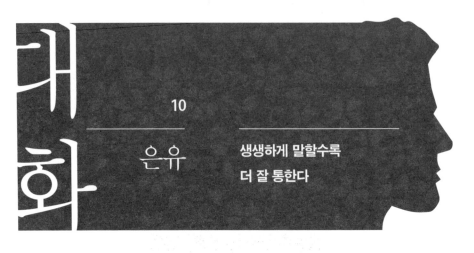

10

은유

생생하게 말할수록
더 잘 통한다

$1$990년 1월 25일 콜롬비아에서 뉴욕으로 향하던 여객기 한 대가 미국 롱아일랜드의 시골 마을에 추락했다. 이 사고로 승무원 포함 73명이 목숨을 잃었다. 원인은 어이없게도 연료가 떨어져서였다. 사고 당시 존 F. 케네디 국제공항은 기상 악화로 인한 혼잡으로 착륙이 지연되고 있었다. 아비앙카 52편 역시 뉴욕 근처 해변 위에서 선회하며 연료가 바닥을 보이기 시작했다. 다른 공항으로 회항할 타이밍도 놓치고 관제사까지 교체되며 사태는 급박해진다. 마지막 착륙 시도 마저 역풍에 막혀 실패하며 여객기는 결국 하늘에서 연료가 바닥나 지상으로 곤두박질치고 만다.

전 세계 항공 역사에 어이없는 참사로 기록된 이 사고는 단어 하나에서 비롯했다. 콜롬비아인 조종사는 관제탑에 착륙을 요청하며 "Priority"를 반복했다. 미국인 관제사는 이를 "우선 우리 항공편부터 착륙 유도해주기 바랍니다"라는 의미로 알았다. 연료가 떨어져 비행기가 추락할 상황이었다. 왜 조종사는 더 생생하고 급박한 표현으로 비상착륙을 요구하지 않았을까?

priority는 영어와 스페인어에서 분명한 의미의 차이를 갖는다. 스페인어로는 '비상(非常)'이라는 뜻이다. 콜롬비아는 스페인어를 쓴다. 조종사는 다급한 순간에 모국어로 '비상상황'이라고 외쳤지만 '우선'으로 인식한 미국 관제사는 절체절명의 순간을 인지하지 못했다. 결국 미국교통안전위원회는 사고 원인을 조종사 과실로 결론냈다. 이유는 더 상세하고 명확하게 위급한 상황임을 말하지 않았기 때문이었다.

> **따따따 따~ 따~ 따~ 따따따.**
> **– 영화 〈엑시트〉 중에서**

당시 수많은 승객을 태운 조종사라면 더 생생하고 강하게 관제사를 설득했어야만 했다. 영화 〈엑시트〉의 대사는 응급 신호인 SOS의 모스 부호다. 코미디 영화답게 희극적으로 연출됐지만 유독가스가 턱밑까지 차오르는 죽음의 공포 앞에 이보다 더 명확한 구조신호가 있을까? 서로 다른 언어는 해석의 벽이 존재한다. 모스 부호는 전 세계에 통용되는 생생한 약속이다.

조종사가 이렇게 말했다면 수많은 목숨을 살릴 수 있었을까.

"관제소! 뉴욕 상공에서 1시간째 선회 중이다. 비행기 연료 게이지는 단 두 번의 착륙 시도가 가능하다고 경고하고 있다. 연료가 바닥났다. 지금 바로 착륙하지 않으면 이 비행기는 추락한다."

유레카의 주인공 아르키메데스는 목욕탕에 몸을 담그는 순간 물이 넘치는 것을 보고 은이 섞인 가짜 순금 왕관을 가려냈다. 뉴턴은 사과를 떨어지게 하는 지구의 인력은 결국 달의 운동에도 영향을 미친다는 사실을 발견했다. 이는 연상(聯想)의 힘이다. 연상은 생각이 다른 생각을 불러오는 것을 말한다.

현대인에게 요구되는 새로운 능력이라는 '정보 리터러시 information literacy' 역시 연상능력이 그 핵심이다. 데이터를 목적에 맞게 활용하기 위해서는 인터넷의 망망대해에서 정보를 찾아내 해석하는 데 그치면 안 된다. 이를 가공하고 분석해 마지막으로 시각화의 단계까지 이르러야 한다. 우리가 생각하는 것과 얻는 것은 늘 비슷하다. 또한 우리가 생각하는 것을 더 생생하게 말할수록 더 명확한 것을 얻게 된다. 이를 위해서는 먼저 당신의 머릿속에 그림을 그려낼 수 있어야 한다.

연상은 독창성의 뿌리가 되고, 새로운 것은 사람들의 관심을 끈다. 그리고 이 새로운 것이 상대를 자극하는 연쇄 반응으로 이어질 때 비로소 우리는 설득이라 부른다. 이를 위해선 세 단계의 훈련이 필요하다.

1. 단서를 발견할 마음의 준비와 실행

추리 소설 속 인물인 셜록 홈즈는 남들이 보지 않는 것을 본다. 눈에 쉽게 띄는 증거들은 오해와 혼선을 줄 뿐 추리에는 도움이 되지 못함을 간파한 것이다. 남들이 알아보지 못하는 단서에서 문제를 해결해 나간다. 비결은 남다른 관찰력에 있다. 다른 이들이 보고도 지나치는 혹은 보지 못하고 넘기는 것들을 찾아 차곡차곡 정보화해 저장한다. 그리고 이내 테트리스를 쌓듯 그것들이 내포한 의미의 아귀를 맞추어 추론에 다다른다. 그의 관찰력은 결국 사람과 세상에 대한 관심에서 비롯한다.

2. 단서를 통찰력으로 연결할 구체적 생각의 연습

나는 아나운서를 지망하는 학생들에게 매 수업 자기소개서를 새롭게 준비해 오라고 주문한다. 단 자신만의 이야기를 하되, 개인의 역사를 나열하지 말라고 조언한다. 현재와 앞으로의 자신에 집중하라고 말이다. 매번 새로운 자기소개에 대한 부담이 극에 달한 순간 그들은 마침내 자신의 주변을 살피기 시작한다. 그리고 단서를 자신과 연결하는 고리를 찾는 단계로 발전한다.

3. 스토리텔링과 시각화를 기반으로 한 스피치 훈련

설득의 대상에게 시각화된 정보를 제공하고 그들의 연상을 자극하기 위해선 먼저 당신의 머릿속에 명확한 메시지를 그려낼 수 있어야 한다. 그 시작은 당신이 전하고자 하는 바를 이야기로 엮고, 은유와 묘사 등의 시각화를 통해 생생하게 전하는 훈련을 하는 것이다. 사람들은 가설보다는 실체에 주목한다.

> No, no, no, I'm not insulting you. I'm describing you
> (아니, 아니, 아니, 난 너를 모욕하는 것이 아니야. 너에 대해 묘사하는 거야).
> _ 영화 〈셜록〉 대사 중에서

대부분의 사람들이 생생한 묘사에 익숙하지 못한 이유는 시도하지 않기 때문이다. "구연동화도 아니고 내가 그렇게까지 설명해야 해?" 다른 이유는 상대의 벽에 가로막히기 때문이다. "알아, 알아. 그렇게 돌려 말하지 않아도 무슨 말인지 안다고. 내가 유치원생인줄 알아?" 마지막으로 타인을 설명함에 있어 그의 외적인 부분 묘사를 금기시하는 문화도 한몫 한다. "넌 항상 적나라하게 묘사하더라. 민망하게."

셜록의 답답한 심정처럼 생생한 묘사가 가져오는 소통의 유용함을 '얼평(얼굴 평가)'이나 '몸평' 같은 부정적 문화가 가려버렸다.

인간의 기억은 스토리 형태로 구성된다. 김주환 교수는 이를 "우리는 이야기를 산다We live our story"라 말했다. 우리가 일상에서 겪은 인상적인 순간의 경험은 이야기로 저장된다. 기억속의 스토리는 하나의 덩어리로 존재하는데, 심리학에선 이를

'chunk(청크)'라 표현한다. 상당히 많은 양의 덩어리를 의미하며, 언어학에서는 한꺼번에 배울 수 있는 '말의 모둠'이라 하고, 나는 '기억의 덩어리'라 칭한다.

기억의 덩어리는 단편적인 사건 하나가 일련의 타임테이블(시간 순서)을 가지고 이어지는 롱 테이크long take 영상과 같다. 예를 들면 이렇다. "나 어제 소개팅 했어!"라고 친구가 말했다면 듣는 이는 남녀가 마주 앉은 모습 정도만 그려질 것이다. 그러나 말하는 이의 머릿속에는 약속 시간보다 일찍 식당에 도착하고 어디에 앉을지 두리번거리다가 적당한 자리를 잡아 앉고, 시계를 보며 늦지 않았음을 확인한 후 주위를 빙 둘러 관찰하고, 이내 문을 열고 들어오는 여성을 바라보고 "설마 그녀인가?" 했다가 아니어서 안도하다가 또다시 문을 열고 들어서는 여성을 보고 미소 지으며 "이분인가 보다!" 했다가 또 아니어서 다시 실망하고 시계를 본다. 이 날의 소개팅은 이후 수많은 과정과 행동들 그리고 서로의 대화가 하나의 덩어리로 기억 속에 자리하게 된다.

사람의 기억이란 그 경험에 수반되는 수많은 행동들이 마치 영화의 한 장면처럼 저장되는 과정이다. 그 이미지를 생생하게 그려낼수록 내가 하고자 하는 말이 왜곡 없이 전해진다. 내 말의 명확도를 높여야 상대가 이해하는 정도인 수용도가 올라간다. 생생하게 말할수록 서로의 머릿속에 자리한 '그것'이 닮아간다.

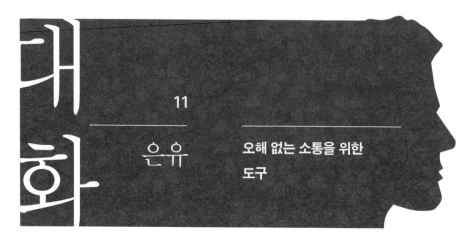

11

은유   오해 없는 소통을 위한
도구

연상과 은유가 가진 힘은 단순 시각화를 넘어 자신의 언어를 이미지화하는 데 있다. 자기소개에 대한 부담으로 주변을 둘러보기 시작했던 방송 지망생 중 로맨틱 코미디가 어울릴 법한 'ㅂ'이 있었다. 하루는 자기소개를 해보라고 하니까 대뜸 "저랑 데이트 하실래요?"라며 뜬금없는 플러팅을 날렸다. '방송은 데이트다', 그 친구가 이후 진행한 자기소개에서 이 은유를 설명했다. '데이트'라는 단어에는 부정적인 이미지가 연상되지 않는다. 연인, 기다림, 설렘, 사랑 등의 행복한 단어들이 방울토마토처럼 줄줄이 달린다.

진행자가 매번 데이트하듯 시청자를 대한다면 이보다 더 좋은 방송이 있을까? 방송이 데이트처럼 기다림, 설렘, 즐거움이라는 개념의 고리로 연결된다. 단어 하나에 사람들은 자신의 기억 속에 저장된 '기억의 덩어리'를 꺼내어 재생한다. 그리고 이내 다른 경험과 이야기 속에서 같은 감정을 공유한다. 바로 '공감'이다.

보조 개념을 가져와 말하고자 하는 사물이나 사안을 드러내는 비유법이 은유다. "시각화는 설득에 필요한 최고의 도구다"라는 말도 은유적인 표현이다. '시각화'는 원관념이 되고 수식어인 최고의 도구가 보조 개념인 셈이다. 흔히 인용하는 '실패는 성공의 어머니다'도 같은 수사적 표현이다.

은유의 역할은 생소한 것들을 낯익게 만드는 데 있다. 반대로 낯익은 것들을 신선하게 바꿔놓기도 한다. 모든 사회는 그 사회가 공유하는 가치가 존재한다. 은유는 결국 추상적인 개념을 사회적 가치에 부합하는 구체적인 경험으로 바꿔놓는다. 또한 주관적 이야기를 객관적 이해의 영역으로 가져와 더 많은 이들이 공감할 수 있게 한다.

왜 그래야 하냐고? 사람들은 하나의 사안에 대해 각기 다르게 지각하는데, 이는 다른 판단과 행동으로 이어지기 때문이다. 언어가 쌓아 올린 이해의 벽을 낮추는 방법 중 하나가 은유다. 아리스토텔레스가 '범접할 수 없는 능력'이라고 한 것도 은유의 중요성을 역설한 것이다. 교육자들은 은유가 학습을 통해 키워갈 수 있는 능력이라고 믿는다.

얼마 전 가족 간에 쌓아 올린 벽으로 위기에 놓인 가정을 접했다. 부부 사이에 문제가 불거진 대학 동기 'ㅅ'이 고민을 토로했다. 사춘기의 아들과도 갈등이 시작되었다며 한숨을 내쉬었다. "그래도 아들 녀석 하나 바라보고 살아왔는데 이 녀석이 머리가 컸다고 지 아버지 편을 들고 나서서는 나를 원망하듯 바라보곤 해. 너무 가슴이 아파. 어쩌면 좋니." 사춘기 아이들이 으레 그렇다고 가볍게 받아넘기기엔 'ㅅ'의 표정이 예사롭지 않았다.

관계는 시간의 흐름에 따라 성숙과 퇴보를 반복한다. 이 과정을 견디지 못한 당사자들은 이윽고 결별의 수순을 밟는다. 인간의 본능은 새로운 것에 호기심을 보이며 이는 상대에 대한 적극적 소통의 욕구로 이어진다.

반면 사람들은 익숙한 것을 가치 없는 것으로 착각하기도 하며 때로는 경멸하기까지 한다. 호기심은 사람들을 정보추구자로 독려하지만 익숙함은 우리를 정보회피자로 만들고 만다.

내리막에 들어선 관계에서 가장 흔히 하는 말은 "그걸 꼭 말로 해야 알아?"이다. 해야 한다. 말로 하지 않으면 모른다. 그리고 생생하게 말하지 못해도 안 된다. 감정에 오염된 언어는 결국 오해와 갈등의 빌미가 되기 때문이다. 가족은 서로에게 제일 익숙한 존재이자 가장 오랜 시간 관계를 이어가는 사이다. 간혹 원수보다 못한 관계로 서로의 상처가 되기도 하지만 현생의 삶 동안 그 끈을 어떤 방식으로든 이어간다. 그렇다 보니 "꼭 말로 해야 돼?"식의 착각을 가장 많이 하는 관계이기도 하다.

'ㅅ'의 가족 사이에 불거진 문제도 결국은 소통의 어긋남에서 비롯되었다. 아이들은 부모의 사이를 당사자들보다 더 정확하고 객관적으로 파악하고 있다. 부모의 상황이 곧 자신의 생존과 연결된다고 본능으로 느끼기 때문이다.

어느 순간부터 그녀의 아들은 방문을 걸어 잠그고 시끄러운 음악을 집이 떠나가라 틀어놓고 듣는다고 했다. "소리 좀 줄여! 이 집에 너 혼자 사는 거 아니잖아! 그렇게 시끄러운데 공부가 되겠어? 그러니 성적이 갈수록 그 모양이지!" 엄마의 말에 대꾸는 돌아오지 않는다. 수차례 방문을 두드리고 소리를 친 후에야 음악 소리가 멈춘다고 했다.

사랑이 떠난 후 우리가 비로소 사랑했음을 인지하는 것은 사랑하는 동안에 더 많이 표현하고 말하지 못해서일지도 모른다. 'ㅅ'의 아들이 왜 음악을 떠나가라 듣는지, 엄마는 왜 본질과는 거리가 먼 성적 타령만 하는지 서로가 모르는 듯했다. 각자의 머릿속에 그리는 그림이 다른데 왜 그 그림을 보지 못하고 이해하지 않느냐고 수백 번 말해봐야 무슨 소용인가? 그들은 사랑하는 사이지만 서로의 사랑을 느끼기에는 각자 너무 다른 언어를 사용하고 있었다.

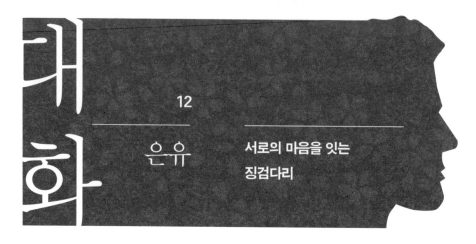

12

은유 ──── 서로의 마음을 잇는
징검다리

자신의 신념에 반하는 이야기는 그것이 아무리 의심할 수
없는 사실에 기반해도 기존의 입장을 더 강화시키는 역
화효과backfire effect를 촉발한다. 일종의 반발 심리다. 배우 이영애
가 일찍이 말하지 않았는가. "너나 잘하세요." 대화의 방식을 바
꿔야 한다는 것쯤은 알지만 문제는 항상 방법이다.

외길로 된 한적한 산길을 운전하는데 지난밤 폭풍에 쓰러진
커다란 나무가 앞길을 막았다고 상상해보자. 나무를 치우거나
목적지까지 우회해야 하리라. 수십 년 자란 거목을 어찌 치우
겠는가? 고착화되고 높게 형성된 서로의 벽을 단숨에 부숴버리
기란 불가능하다. 결국 우리는 대화를 통해 다른 길을 모색해야
한다.

다른 언어로 멀어진 서로에게 돌아가기 위해선 마음의 수혈이 필요하다. 피를 나누려면 혈액형이 맞아야 한다. 함께 웃으려면 코드가 맞아야 한다. 서로 이해하기 위해선 서로를 이어줄 통로가 있어야 한다. 피를 나눈 가족이지만 마음의 수혈에는 변압기나 번역기 같은 장치가 필요하다는 뜻이다. 대화를 통해 주고받는 언어가 궁극적 힘을 발휘하려면 동의를 넘어 변화를 이끌어야 한다. 행동이라는 실천적 변화로 이어지지 않는 설득은 실패다.

행동을 이끌어내지 못함은 이야기 전달 방식에 그 이유가 있다. 사실 중심의 이야기는 직진성이 강하다. 이는 마치 중구난방으로 툭 툭 던져진 개울의 디딤돌과 같다. 그것이 징검다리가 되어 서로를 오가는 통로가 되려면 적당한 거리에 줄을 맞춰 놓아야 하지 않겠는가? 상대와 관련된 부정적인 의견이나 지적은 책망이나 훈계로 인식된다. 디딤돌이 다시 멀어진다. 같은 말이 반복될수록 잔소리 이상의 의미를 갖지 못해 결국 상대와의 벽만 높인다.

벽을 느낀 'ㅅ'의 아들이 음악 소리를 크게 하는 것은 일종의 신호다. "난 부모님이 다투는 소리를 듣고 싶지 않아요" 또는 "난 이 집에 불만이 많아요. 누가 나서서 왜 이러는지 차분히 들어봐줄래요?"라고 말하고 싶은 것이다.

그러나 'ㅅ'은 자신의 입장에서 "네 아버지하고도 사이가 안 좋아서 엄마가 이렇게 힘든데 너까지 정말 이럴 거야?" 혹은

"시끄러운 음악 그만 듣고 공부 좀 열심히 해서 성적이 오르면 엄마가 힘들어도 견딜 수 있어. 정말 그렇게 해주지 못하겠니?" 라며 오히려 아들의 신호에 맞서 자신의 주파수를 키우고 있지 않은가.

아들은 자신과 코드를 맞추고 마음의 수혈을 해주길 부모에게 바라고 있는데 부모는 어찌해야 할지 방법을 몰라 상황을 악화시키고 있다. 이렇게 마음의 수혈이 지체되면 서로에게 다가갈 디딤돌이 하나둘 세월이라는 물살에 흘러가 영영 찾을 수 없을지도 모른다.

기존의 다리로 서로에게 닿을 수 없다면 새로운 다리를 놓아야 한다. 완만하게 돌아 목적지에 다다를 수 있는 스토리텔링 방법이 있다. 바로 '우화(寓話)'다. 은유의 대표적 방식인 우화는 '인간 이외의 대상에 생활감정을 부여하고 사람처럼 행동하게 함으로써 그들이 빚는 이야기 속에 교훈을 나타내는 설화'다. 핵심은 전하고자 하는 주제와 관계 간의 적절한 거리를 유지한다는 데 있다.

황선미 작가의 《마당을 나온 암탉》은 이런 우화의 힘을 여실히 보여준다. 자유를 찾아 안전한 마당을 뛰쳐나온 암탉 잎싹은 험난하고 무서운 바깥세상과 마주한다. 우연히 품은 알이 청둥오리의 것인지도 모르고 지극한 사랑으로 키운다. 잎싹은 포식자인 족제비에 맞서 자기 자식처럼 정성껏 보살피던 오리를 살리기 위해 스스로 먹이가 되는 숭고한 희생을 선택한다.

토크쇼에 출연한 황선미 작가에게 물었다. "동화에선 이례적이지 않나요? 주인공이 포식자에게 잡아먹혀 생을 마감하는데요. 아이들이 충격받지 않았을까 싶어요."

편집자도 반대했다는 슬픈 결말의 이유는 이랬다. "사실 이야기를 구성하는 단계부터 슬픈 결말로 정했어요. 동물이 주인공이니 모든 이야기를 생태계의 삶으로 풀어내려 했죠. 약자와 포식자의 먹고 먹히는 사슬은 곧 자연의 섭리니까요. 유일한 고민은 어떻게 죽을 지였어요."

황선미 작가는 말기 암 환자인 아버지를 두고 이 작품을 썼다. 어느 날 아버지는 당신의 죽음을 받아들이며 이렇게 말했다. "내가 죽거든 큰 솥에 밥을 지어서 누구든지 먹고 가게 해줘." 이를 계기로 '모든 살아있는 것들은 결국 죽는다'는 대전제를 설정했다. 그리고 주인공이 죽은 후 남아있는 자들에게 한 끼 먹이라도 되면 좋겠다는 결론에 이르렀다. 황 작가는 이야기를 다음과 같이 마무리했다.

"죽음이 충격임은 맞지만 아이들이 죽음을 모를 거라는 것은 착각이죠. 죽음에 대한 경험도 교육입니다. 포장하기보다는 정확하게 말해주고 우리에게 늘 있는 일이라는 것을 알려주는 게 맞다 생각해요."

힘껏 날아 봐. 엄마가 지켜볼게.

_황선미, 《마당을 나온 암탉》 중에서

나는 'ㅅ'에게 사춘기를 지나고 있는 성인과 아이의 중간인인 아들에게 《마당을 나온 암탉》을 선물할 것을 권유했다. 그러고는 둘이 차분히 대화를 해보라고 했다. "아이는 분명 네가 건넨 책을 읽을 거야. 어떤 방식으로든 아이도 부모와의 소통을 원하고 있을 테니 말이야. 아이에게 분명히 대화하자는 의지를 전해. '오늘은 엄마가 중요한 얘기를 할 거야. 그러니 단 3분이라도 진지하게 이야기를 들어주었으면 좋겠어'라고 주의를 환기시켜." 얼마 지나지 않아 전화한 'ㅅ'은 한결 가벼워진 목소리로 말했다. "고마워, 한 번에 거리를 좁히지는 못하겠지만 이제 주방에 나와 같이 밥도 먹고 더 이상 방문을 걸어 잠그지는 않아. 계속 노력해보려고."

적당한 거리는 상대에게 생각할 틈을 만들어준다. 직접적인 연관성과는 일정한 거리를 두는 것이 오히려 자신에게 필요한 이야기임을 느끼게 하는 역설로 작용한다. "모두가 겪는 일이니, 너도 받아들여!"가 아니라 "우리가 알아야 할 중요한 이야기야"라는 완곡한 표현이 때론 더 효과적으로 주목을 이끌어내는 언어가 되기도 한다.

'ㅅ'은 아들과 마음의 수혈을 위해 다시 마주 앉았다. 그러고는 이렇게 말했다.

"네가 보기에는 모든 것들이 부조리하고 마음에 안 들 거라는 걸 잘 알아. 엄마도 마음대로 되는 일이 하나도 없더라고. 그런데 분명히 약속할 수 있어. 동화 속 암탉처럼 세상 그 어떤 위협이 네게 닥치든 너를 위해서라면 엄마는 망설임 없이 목숨을 던질 수 있어. 네가 태어나던 날의 기쁨, 처음으로 걷기 시작할 때의 환희, '엄마'라고 부르던 날의 감동까지 다 기억해. 그 모든 걸 간직하도록 지켜줄게. 너의 생각과 행동을 존중할게. 대신 엄마의 이야기도 들어주면 안 될까? 우리 서로 조금씩 양보해주자."

자
격

2장

당신의 말을
통하게 하는
신뢰의 격률

資格

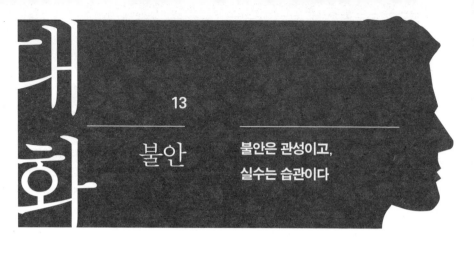

오랜만에 TV를 통해 여전히 왕성한 활동을 하는 동료를 봤다. 뉴스를 진행하는 모습을 가만히 보고 있자니 연차에 어울리지 않게 두어 차례 더듬는 것이 아닌가. 물론 생방송에서는 흔히 있는 일이다. 그럼에도 난 이전 기억을 떠올렸다.

'ㅅ'은 함께 연습할 때도 간혹 뉴스의 흐름을 놓치거나 오독을 했었다. 당시 내가 분석했던 원인은 성격적 측면이었다. 긴 뉴스를 두고 마음이 급하거나 어려운 표현이나 발음 혹은 모르는 단어 앞에서 당황하기도 했다. 여지없이 이는 목소리의 떨림이나 오독으로 이어졌다.

"연습할 때는 잘했는데 사람들 앞에만 서면 오금이 저려요", "실전을 연습처럼 한다는 게 과연 가능한가요?" 불안에 잠식당한 사람들의 말이다. 야구 중계를 듣다 보면 흔하게 나오는 멘

트도 마찬가지다. "저 선수는 훈련할 때 보면 담장을 가볍게 넘기거든요. 정작 실제 경기에서는 그런 모습이 잘 안 나와요." 이런 원인은 무엇일까?

두 번째 포에니 전쟁의 승기를 잡는 데 결정적 역할을 했던 로마의 장군 스키피오의 말에서 단초를 찾을 수 있다. "로마인들은 패했을 때 주눅 들지 않았고, 승리했을 때 우쭐대지 않았다."

이는 '평정심'을 유지하는 게 쉽지 않다는 의미다. 말은 한 번 내뱉으면 주워 담을 수 없다. 단 한 번의 기회. 사람들을 긴장하게도 하고 열광하게도 하는 것은 바로 이 시간의 희소성에 있다. 희소성에 사로잡히면 시야가 좁아진다. 결정적인 기회에서 어이없이 허공으로 슛을 날리거나 2스트라이크 상황에서 크게 벗어나는 유인구에 황당한 헛스윙을 하게 된다.

문제는 이런 실수는 반복되기 십상이라는 점이다. 만년 기대주의 잠재력이 터지기를 기다리는 팬들의 미련처럼 실수의 관성에서 벗어나기는 쉽지 않다. 불안과 실수는 마치 빛과 그림자같이 짝을 맞춰 찾아온다.

나의 불안은 과연 어느 정도일까? 다음 항목에 진지하게 답해보자.

- 조를 짜서 하는 발표수업이나 프로젝트의 발표자가 될까 봐 두렵다.
- 회식이나 모임에서 돌아가며 한마디씩 하라고 하면 심장이 뛰기 시작한다.

- 가벼운 인사말에도 숨이 턱을 치고 올라와 말문이 막힌다.
- 생각했던 단어가 아닌 전혀 엉뚱한 단어를 말하곤 한다.
- 내 말을 듣고 상대가 어떻게 생각할지를 먼저 떠올린다.
- 사람들이 나를 쳐다보면 얼굴부터 달아오른다.
- 내 목소리나 말하는 어투를 고치고 싶다고 생각한 적이 있다.
- 매일 보는 사람들 앞이지만 형식을 갖추고 말하라고 하면 긴장한다.
- 청자 혹은 청중의 반응에 소심해져서 준비한 내용을 대충 줄여서 말하고는 한다.
- 내가 말을 하면 청중들의 표정이 굳어진다고 느낀다.
- 나는 평소 논리적인 말하기와는 거리가 멀다고 생각한다.
- 사람들이 내 말을 자르고 들어오는 이유는 나의 이야기가 지루해서다.
- 누군가 반론을 제시하면 의기소침해져 말끝을 흐리곤 한다.
- 관계에서 손해를 보는 이유 중 하나가 말을 잘 못해서라고 생각한다.
- 되도록 사람들 앞에 서거나 대화를 주도하고 싶지 않다.

손가락 열 개를 꼽아 주먹을 쥐고 있다면 불안의 정도가 심한 상태로 도움이 필요한 상황이다. 심리학에서는 현대인들이 빈번하게 느끼는 불안의 원인을 '사회적 시계' 때문이라고 분석한다. 고등학교를 졸업하면 대학을 가야하고, 대학을 졸업하면 취업해야 하며, 결혼하고 제때 출산과 육아를 해야 한다는 등의 강박이다.

다수가 따르는 삶과 시간의 틀 안에서 내가 조금이라도 벗어나 있는 것에 대한 두려움을 뜻한다. 정답이나 진리는 아닐지라도 그 불안에서 벗어나는 길은 두 갈래다. 하나, 의심하지 않고 그 틀에 충실히 따르는 삶이다. 둘, 내가 세운 계획에서 나의 시간에 따라 사는 것이다.

스포츠 스타들의 반복되는 실수는 자신에게 향해 있는 수많은 시선과 기대에 부응해야 한다는 부담에서 비롯한다. 우리가 삶에서 느끼는 불안이나 강박도 다를 바 없다. 발표 불안이나 대화 속에서 느끼는 부담도 마찬가지다. '목적 떨림'이라고 부르는 증상은 기대치의 목적을 달성해야 한다는 생각에 긴장감이 높아지기 때문에 발생한다. 해결 방안은 나의 방식으로 꾸준히 연습해보고 내 호흡과 말의 속도를 유지하고자 노력하는 것이다.

야구선수들이 이구동성으로 말한다. "몸이 아프고 컨디션이 조금 떨어졌을 때 오히려 홈런이 잘 나와요." 왜 그럴까? 이유는 하나다. 자신도 모르게 몸에 힘을 빼고 마음의 부담에서 자유로운 상태로 스윙을 하기 때문이다. 불안과 실수를 줄일 힌트가 여기 있다.

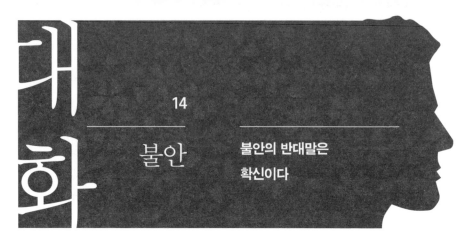

14

불안

**불안의 반대말은
확신이다**

불안과 초조는 얼굴에서만 드러나는 것이 아니다. 부정적인 생각이 전두엽을 지배하기 시작해 급기야 자신의 입을 통해 약점을 노출하고 만다. 발표 불안이나 대인기피 성향은 그릇된 결과로 이어졌던 과거의 경험에서 온다. 실패에 대한 불안이 반복해 엄습해 오는 것이다. 이는 타인에게 잘 보이려 하거나 자신의 소임을 잘하고 싶은 마음에서 기인한다. 또한 준비가 부족해서이기도 하다. 자, 이미 불안의 해결책이 나왔다. 언급한 것들을 해소하는 방식으로 평소 준비하면 된다.

하나, 남에게 잘 보이려는 마음을 접어라.
타인에게 잘 보이고 싶어 하는 마음은 인간의 본능이다. 나 역시 가끔 집 앞 편의점을 나설 때조차 '세수 안 하고 머리 감지 않은 나를 지저분하게 보면 어쩌지?' 하며 의식하곤 한다. 하지만 사람들은 생각보다 타인에 대해 관심이 없다. 자신이 좋아하는 사람이 아닌 이상 말이다. 잘 보이려는 마음을 조금 내려놓으라는 뜻이다.

둘, 평소보다 잘하려는 자세를 버려라.

잘하고 싶은 마음도 마찬가지다. 평소 하던 것보다 갑자기 더 잘할 수 있는 날은 없다. 딱 준비한 만큼만 보여주고, 그것을 넘어서는 날이 있다면 덤이라고 생각하자. 다만 준비 부족에서 오는 불안감은 미리 해결해야 할 과제다.

셋, 발표도 대화도 준비가 필요하다.

발표를 위해서는 자료 준비는 물론이고 청중의 규모나 성향 등의 정보를 챙겨야 한다. 할 수 있다면 발표할 장소를 미리 방문해보라. 자료의 사용 여부나 기기 활용 등을 미리 점검하자.

지미 카터 대통령의 부인인 로잘린 카터는 미국 내에서 여성의 사회적 지위를 올리는데 기여한 영부인의 전형이라 불린다. 그녀가 항상 마음에 새긴 조언은 역시 영부인이었던 베티 포드의 말이었다. "무슨 일을 해도 비난받을 테니 하고 싶은 일을 하세요."

여성이 공적인 일에 나서는 것은 대통령의 부인이라도 구설에 오르던 시절이었다. 그녀는 백악관에서 열린 남편의 취임식에 색이 바라고 낡아 빠진 헌 드레스를 입었다. 세간의 눈을 의식해서가 아니었다. 검소한 그녀의 세상을 향한 메시지는 평생 사회적 약자들을 위한 다양한 활동으로 확장해 갔다.

세상은 그리고 인간은 애초에 타인에게 관대하거나 친절하지 않다. 질투와 시기는 나약한 인간의 천성이다. 누가 그랬다. "당신이 아무것도 아닐 때는 사람들은 무시할 것이며, 당신이 무엇인가를 조금 하려 하면 욕을 할 것이고, 당신이 무언가를 이루어내면 존경할 것이다."

아흔여섯 살로 타계한 로잘린을 기리며 역시 영부인이었던 미셸 오바마가 이렇게 말했다.

"로잘린의 삶은 우리가 남기는 유산이 우리가 받은 상이나 영예가 아니라 우리가 감동을 준 삶으로 측정된다는 것을 상기시켜줍니다."

우리의 뇌는 상상과 현실을 명확히 구분하지 못한다. 부정적 결과물을 떠올려 긴장하는 것도, 긍정적 시뮬레이션의 반복이 성공 확률을 높인다는 것도 모두 과학자들이 지지하는 분석이다. '긍정회로를 돌린다'는 요즘 세대의 표현 역시 사실에 기반한 자기주문이라고 해도 과언이 아니다. 불안을 가져오는 상황을 가정한 시뮬레이션 혹은 이미지 트레이닝은 그래서 대화에 있어서도 충분히 효과를 발휘하는 훈련법이다.

세상을 살아내는 데 있어 사람들 앞에 서 당당히 나의 목소리를 내기 위해서 우리가 기억해야 할 것은 하나다. 이 순간은 단한 번이며 우리의 삶도 지나면 돌아오지 않는다는 점이다. 남에게 지나치게 잘 보이기 위해서 나의 능력 이상의 무엇인가를 해내기 위해 애쓰지 마라. 당신의 삶에 확신을 가지고 충실히 살아내는 것으로 족하다. 불안을 잠재우는 것은 오직 당신 스스로에 대한 흔들리지 않는 믿음으로만 가능한 일이다.

POSTSCRIPT

불안한 마음을 달래고 평정심으로 방송하기 위해 내가 했던 방법을 간단히 소개한다.

1. 눈을 감고 내가 이야기할 무대 혹은 대화할 대상을 떠올리고 당당히 마주 선 자신의 모습을 장면 속에 그려 넣는다.
2. 세 번 주문을 외우듯 말한다. "어떤 상황도 온전히 이겨낼 수 있어!"
3. 양쪽 어깨를 뒤쪽으로 돌려 아래로 내리고, 허리 뒤쪽 기립 근에 힘을 준다.
4. 코로 빠르게 숨을 깊게 들이마신 후 마음속으로 3초를 세고 나서 천천히 입으로 내뱉는다.
5. 차분히 준비한 첫 마디를 청중에게 실제로 이야기하듯 발성을 다해 연습해본다.

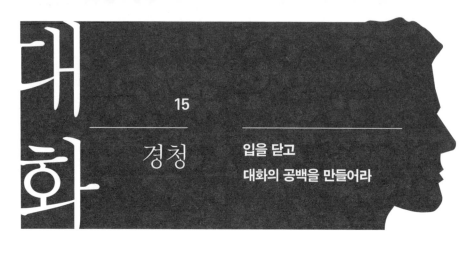

남의 말을 듣는다는 건 때로는 버거운 일이다. 자신의 자랑을 늘어놓는 이들, 나의 신념에 반하는 말들, 남을 헐뜯고 자신을 우위에 두려는 수작, 함부로 던져져 기분을 좀 먹는 언어는 더욱 그렇다. 이것들은 지뢰처럼 곳곳에 숨어있다가 고비마다 터져 나온다.

일상의 대화에서 우린 수시로 무례함을 넘어선 무뢰한을 만난다. 자신의 성향에 따라 대화는 늘 비슷한 결말을 맺는다. 관계를 우선에 둔 사람의 경우 '선인내 후분노'의 패턴을 반복한다. 욱하는 성격의 소유자는 격하게 맞받아쳐 자리를 폭파시켜버리곤 한다. 전자는 자신의 마음에 화병을 남기고, 후자는 서로의 마음에 생채기를 만든다.

행복할 때 약속하지 말고,

화가 났을 때 대답하지 마라.

_ **지아드 압델누어**(금융가)

금융가에서 수많은 명언들을 쏟아낸 지아드의 말을 이렇게 바꾸고 싶다. '기분이 좋을 때는 약속을 말고, 화가 났을 때는 말 자체를 마라.' 침묵하는 게 서로가 속 편할 때도 있다. 하지만 답을 반드시 내놓아야 하는 때가 있다. 바로 면접의 상황이다.

한 면접장에서의 일화다. 아나운서 두 명을 채용하는 면접인데 남성 세 명과 여성 일곱 명이 최종 면접에 올랐다. 누가 봐도 사장 같아 보이는 사람이 안경을 코끝에 걸치고 눈을 내리깔며 다소 공격적으로 질문했다. "일류대 나와서 벤처 이사를 지냈어요? 근데 지금 뭐 하러 아나운서를 하려고 해요? 남자가. 기자라면 모를까." 누가 들어도 무례한 태도의 질문이다. 한때 압박 면접이라는 이름으로 공격적인 질문이나 태도를 보이는 면접관들이 꽤 많았다.

이에 경쟁자들에 비해 나이가 들어 보이는 지원자가 무난히 답했다. "얼마 전 손석희 아나운서의 〈100분 토론〉을 보며 돌연 저렇게 멋진 앵커가 되고 싶다는 생각이 들어 지원하게 됐습니다."

흥미로운 장면은 다른 남성 면접자에서 연출됐다. 한층 더 눈을 내리깔며 사장이 물었다. "자네는 왜 아나운서인가?" 의도된 전략이었는지 모르지만 지원자의 대답은 즉시 나오지 않았다. 정적이 길어지자 고개를 박고 있던 면접관들과 석고상마냥 기립해 굳어있던 다른 지원자들까지 일제히 그를 바라봤다.

바로 그때 누구도 예상할 수 없었던 답이 허공에 던져졌다. "사장님은 중국 음식점에 가시면 짜장면을 시키십니까? 짬뽕을 시키십니까?"

뉴스는 포즈Pause의 미학이다.
_KBS 아나운서실

'대화는 침묵의 미학이다.' 인위적인 대화의 공백은 '무슨 말을 하려고 저러지?'와 같이 호기심을 자극한다. '뭐지? 이게 아닌가?' 하고 스스로의 말에 대해 반추할 기회를 주기도 한다. 의도적 침묵의 진정한 효용성은 대화의 주도권을 당신에게 가져오는 반전에 있다.

통상 3초의 정적은 방송에서는 사고로 받아들여진다. 3초란 시간은 결코 짧지 않다. 주변 사람들의 눈과 귀를 잡아끌기에 충분하다는 이야기다.

인간은 공백을 본능적으로 꺼린다. 인위적인 빈틈은 호기심을 자극하고 이는 상대에 대한 집중을 이끌어낸다. 그 순간 던지는 카운터펀치는 어느 때보다 위력적이다. 물론 면접이라는 특수한 커뮤니케이션 상황, 즉 일방적으로 힘과 주도권이 한쪽에 주어진 때를 일상의 대화와 동일시할 수는 없다.

그러나 상대의 주목을 이끌어내거나 대화의 흐름을 바꾸는 데는 마찬가지로 유용하다. 적절한 포즈를 두는 기술은 아나운서들의 뉴스뿐만 아니라 당신의 대화를 더 세련되게 만들어 설득과 협상의 승률을 높여줄 것이다.

얼마 전 대학로에서 한 시절을 함께 했던 합창단 선후배들을 20년 만에 만났다. 그중 두 선배가 술을 빚는 과정에 대해 이야기를 나누기 시작했다. "맥주의 단맛은 실제로 당을 넣는 것이 아니라 이스트의 마술이에요."

그러자 다른 선배가 말했다. "그런데 나 집에서 포도주를 빚어 마시거든. 포도 껍질에는 효소가 있어서 이스트를 따로 안 넣어!"

이에 다시 반론이 나왔다. "아니 형, 이스트를 넣어야 한다니까요."

또다시 반론이 나왔다. "아니, 껍질에 효소가 있는 과실주는 안 넣는다니까!"

그들은 모든 대화를 '그런데'와 '아니'로 시작하며 끝이 없는 평행선을 달렸다. 어느 누구도 상대방의 이야기를 지긋이 들어주거나 상대의 말을 오롯이 인정하고 싶지 않아 보였다.

이렇게 단지 상대가 말을 마칠 때까지 기다리면 그만일까? 아니다. 입으로 내뱉지 않아도 상대의 이야기를 적극적으로 들고 이해하려는 노력이 결여되었다면 그저 듣기 위한 인내에 불과하다. 서로의 대화에서 상대의 주의와 주목을 흩트리는 가장 흔한 실수는 여기에 있다. 맥락과 연관성 없이 그저 상대가 입을 닫자마자 기다렸다는 듯 뿜어내는 말 줄기들. 귀를 내어주지 않으려거든 제멋대로인 혀도 쉬게 해주어라.

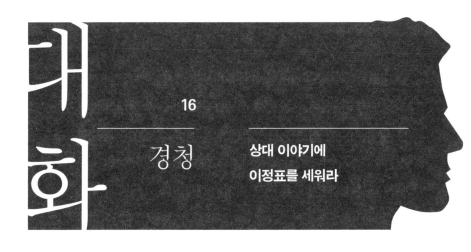

16

경청

**상대 이야기에
이정표를 세워라**

4년간의 연애로 서로에게 익숙할 대로 익숙해진 연인이 한 예능에 출연했다. 여자친구가 남성의 변함없는 사랑을 확인하고 싶어서 몰래 시험에 들게 하는 프로였다. 자극적인 테스트보다는 익숙한 연인과 새로운 이성과의 대화에서 어떤 차이가 있을지 귀가 쏠렸다.

여성이 말했다. "키스요? 아예 안 하죠! 대화를 나눌 때조차 '저 남자가 내 말을 듣고는 있나?' 하는 생각이 들거든요. 가끔 지나가는 여성에게 눈길을 주기도 하고요."

남성은 매력적인 새로운 이성에게도 비슷한 행동을 보였다. 시선을 고정하거나 이야기에 제대로 집중하지 못했다. "네? 뭐라고요?"라는 식의 반문을 자주 해 대화가 자연스레 이어지지 않았다. 결국 사랑을 확인한 커플의 닭살 애정으로 프로그램은 막을 내렸지만 여성은 비슷한 아쉬움을 반복해서 느끼지 않을까.

스스로의 마음에 온전히 집중하는 것도 힘든데 상대의 말과 그 말의 의미에 집중을 유지하는 일은 오죽하겠는가? 중요한 것은 더 늦기 전에 상대의 이야기로 다시 돌아오는 것이다. 겉도는 대화가 반복될수록 서로 지쳐서 대화를 포기하고 관계 자체를 놓아버리게 될지 모르기 때문이다. 몰입은 상대 이야기의 주제를 파악하려는 노력이다.

잠을 설치는 밤에 잠들려고 노력하거나 시끄러운 마음을 잠재우려고 명상하듯 애쓰지 않아도 되는 유용한 방법을 소개하겠다. 소위 암기왕이나 공부 잘하는 학생들의 공부법에 힌트가 있다. 그들은 수업내용을 하나의 이야기나 전체의 그림으로 기억한다. 중요한 지점에 이정표를 세우듯 스토리 전체를 익히는 방식이기에 기억하기도 쉽고 망각곡선으로 상실되는 기억도 상대적으로 적다.

이를 반대로 해보자. 상대가 말하는 내용을 하나의 이야기로 인식하고 중요한 갈림길에서 이정표를 세워 보는 것이다. 처음에는 이를 기억하는 게 익숙하지 않을 테니 노트에 적으며 연습해보자. 예를 들면 이렇게 말이다. 후배 'ㅊ'은 평소 말이 빠르고 내용도 장황한 편이다. 하루는 운전 중 자동차가 고장 난 사건을 일장 풀어놓았다.

"선배, 글쎄 어제 회사에서 수원으로 출발했거든요. 외곽순환도로를 탄 순간 차가 휘청하는 거예요. 타이어를 며칠 전 교체했거든요. 그게 문제가 생겼나 아니면 큰 고장인가 하는 불안함에 갓길로 차를 댔거든요."

→ **이정표 1.** 고속도로에서 차바퀴에 이상이 생김

"제 타이어가 원래는 터져도 일정 거리 운행이 가능한 타이어였는데 카센터 추천으로 교체한 게 실수였나 봐요. 아무튼 차들이 엄청 빠르게 옆으로 지나가는데 눈앞이 캄캄하고 무섭더라고요. 때마침 보험사 연락처도 눈에 안 들어오고 그때 선배가 생각이 나서 전화를 한 거였어요."

→ **이정표 2.** 갓길에 주차하고 보험사 연락 시도

상대 이야기의 핵심 사건이나 주제 문구를 이정표 세우듯 짚어 가며 이야기를 듣는 방법이다. 우리가 경청을 이야기하며 몰입과 주제를 중요하게 생각하는 이유는 하나의 결실을 위해서다. 상대의 마음을 헤아리고 그가 스스로 문제의 본질을 해결해 가도록 돕는 것이다. 경청의 기본은 몰입과 주제파악에 있는데 이정표를 세우며 대화를 이어가면 이 두 가지 목적을 수월하게 이뤄갈 수 있다.

만약 주제를 파악해 적는 행위 자체가 익숙하지 않고 어렵게 느껴진다면 이야기의 한 단락이 끝나고 숨을 쉬는 타이밍에 질문을 하라. 상대의 이야기를 반복해서 이렇게 말이다. "차가 휘청한 게 타이어가 터져서야?", "보험사에 연락하기도 전에 당황해서 나한테 전화한 거구나?" 마치 부모가 초등학생 자녀에게

묻는듯 하지만 상대에게 되묻기는 주제파악에 크게 도움이 된다. 또한 많은 경우 상대의 마음을 다독이는 데도 유용하다.

광대 : 공주님, 달은 얼마나 큰가요?

공주 : 바보, 그것도 몰라? 내 손톱만 하지. 봐 가려지잖아.

광대 : 그럼 달은 무슨 색인가요?

공주 : 황금빛이지.

우리에게는 《공주님의 달》로 잘 알려진 제임스 서버의 단편 속 구절을 각색했다. 원인 모를 병으로 시름시름 사그라져가는 공주의 소원은 달을 갖는 것. 수많은 대신들의 조언은 백약이 무효하듯 성과가 없었다. 그런데 한 광대가 나서서 공주의 이야기를 지긋이 들어주고 해결책을 찾아낸다. 공주의 마음속에 있는 달을 그대로 만들어서 목에 걸어준 것이다. 기적처럼 병은 호전되었지만 조만간 떠오를 진짜 달이 왕의 또 다른 고민이었다. 광대의 해결책은 무엇이었을까? 역시 공주에게 묻고 들어주는 것이었다.

광대 : 공주님, 제가 달을 따서 공주님 목에 걸어드렸잖아요?

공주 : 그랬지. 내 목에 반짝이고 있잖아.

광대 : 그런데 하늘에 또 달이 뜰까요?

공주 : 당연하지. 정원의 꽃을 따도 새 꽃이 피잖아. 달도 마찬가지야.

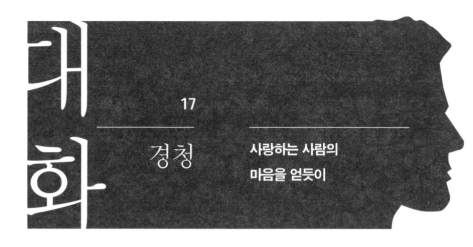

17

경청

**사랑하는 사람의
마음을 얻듯이**

광대는 사랑하는 이의 말을 자신의 귀에 눌러 담듯 공주의 이야기를 진심으로 들었다. 이정표를 세우며 듣기도 마찬가지다. 일상에서 날아오는 상대의 말 줄기에 상처 입지 않고 날 선 말로 중간을 끊어 상대의 기분을 상하게 하지도 않을 방법이 하나 더 있다. 바로 무전기를 사용하듯 대화하는 것이다.

어린 시절 종이컵에 실을 연결해 놓던 장난감 전화기를 떠올려 보자. 컵에 대고 말을 하면 상대는 컵을 귀에 가져다 대고 기다린다. 그리고 이내 말이 끝나면 역할을 바꿔 한 사람은 입에, 다른 이는 귀로 컵을 가져간다. 이는 '소리'가 기본적으로 파장의 형태로 존재하고 해석되기 때문이다.

대화와 대화가 부딪는 공공장소가 정신없이 느껴지는 이유는 공기 중의 수없는 파장들 때문이다. 서로 엇갈리는 말의 줄기들 사이에서 상대의 이야기를 잡아내야 하는 것이다. 마치 실의 미세한 떨림을 귀로 해석하듯 우리는 입을 닫고 상대의 이야기에, 상대의 마음에 집중해야 한다.

> **잘 들어주는 행위는 깊이 사랑해주는 행위와 비슷하다.**
> **그래서 보통 사람들의 눈으로는 구분하기 힘들다.**
> _ **데이비드 옥스버거**(상담학 교수)

한창 이성에 관심이 많은 학생들에게 강의하며 연애와 관련한 예를 많이 사용했다. 다음 이야기는 당신도 어디선가 들어봤을 것이다. '두 사람이 나란히 앉아 있을 때 다리를 포개는 방향이 상대가 당신을 생각하는 마음이다.' 발끝이 나를 향해 있다면 호감을 의미하고, 반대편으로 포개져 있다면 무관심이라는 해석이다. 상당히 신빙성 있는 추측이다. 사람들은 자신이 좋아하는 것들을 향해 몸을 기울이지 않는가? 예쁜 강아지와 꽃들에 그리고 맛있는 디저트에 말이다. 다리를 반대로 꼬면 자연스레 몸은 반대로 기울어 자칫 등을 지는 모양새가 되고 만다.

상담학을 수십 년 연구해온 데이비드 옥스버거의 말처럼 누군가를 사랑하면 그에 대해 알고 싶어진다. 알게 될수록 상대가 더 잘 보인다. 그리고 그때 보이는 상대는 전과 같지 않다. 그래서 누군가를 깊이 있게 알아간다는 것은 경청과 떼려야 뗄 수 없다. 이는 우리가 경청을 위해서 해야 할 지침을 자연스레 알려준다. 경청은 사랑하는 사람의 마음을 언듯 하는 것.

1. 몸은 상대를 향해 기울인다

상대의 이야기에 집중하고 있다는 것을 보여줄 필요가 있다. 사랑한다고 말하지 않으면 사랑하는지 모르는 사람도 있는 법이다. "그걸 꼭 말로 해야 해?"라고 묻는 이는 모르는 소리다. 행동도 마찬가지다. 마음이 가는 곳에 몸도 따른다. 눈에서 멀어져서 마음이 멀어지는 것이 아니라 몸이 떨어지면 마음의 틈새도 벌어지는 것이다. 드러눕듯이 의자등받이에 깊숙이 들어앉기보다는 테이블에 의자를 당겨 앉아 팔을 올리고 상대를 향해 상체를 가볍게 앞으로 기울여라. 그렇다고 코앞에 얼굴을 들이밀라는 뜻은 아니다.

2. 시선은 상대의 눈을 향한다

눈을 바라보기 어려운 사람이거나 그것이 익숙하지 않은 이들을 위한 방법이 있다. 상대의 눈동자 바로 아래를 바라보는 것이다. 시선이 산만한 출연자들은 일명 '타라'라고 부르는 카메라 렌즈 바로 위 불빛을 보게 한다. 현재 화면을 잡고 있다는 신호다. 흔히 아나운서들은 뉴스를 할 때 프롬프터라는 스크립터를 보고 한다. 이때 무엇인가를 보고 읽는 것이 시청자들에게 느껴지게 해서는 안 된다. 방법은 문장 전체를 빠르게 보고 머릿속에 담는 것이다. 대화에도 절대 하지 말아야 할 행동은 휴대전화를 보거나 먼 산을 보는 것이다. 그러니 넣어 둬라. 휴대전화도 산만함도.

3. 감탄사 '아, 에, 이, 오, 우'를 적절히 중간에 넣어준다

내가 주로 쓰는 추임새의 감탄사는 단음절 다섯 개다. 우리의 모음 '아, 에, 이, 오, 우'가 그것이다. '아'는 "아…, 그간 그런 일을 겪었구나"처럼 무언가를 알게 되었을 때 쓴다. '에'는 "에~? 말도 안 돼"와 같이 황당하다는 의미다. '이'는 "이? 정말 그게 된다고?"처럼 놀랐다는 것을 알려줄 때 사용한다. '오'는 "오~, 완전 멋진 일인걸?"처럼 좋은 일에 맞장구를 쳐주거나 칭찬할 때 활용한다. '우'는 "우…, 그 사람 치사하게 왜 그런데?"와 같이 어이없다는 뜻이다. 억양의 높낮이와 음절의 길이를 통해 생생하게 활용해보자.

4. 주인공 자리를 항상 양보한다

수많은 후보자들이 치열하게 경합하는 토론회를 진행하면서 내가 느낀 최악의 토론자는 단연 주어진 시간과 차례를 지키지 않는 후보였다. 이는 방송 패널 중에서도 흔히 목격되는 이기적인 유전자를 지닌 사람들이다. "그건 중요한 게 아니고요?"라며 상대의 발언을 가치 없는 것으로 폄훼하거나 말의 중간을 자르고 나서서는 "잠깐, 잠깐만요. 무슨 말씀을 하시는지 알겠으니 제 말 먼저 들어보세요"라고 상대의 영혼을 상처내는 무뢰한들이다.

　이는 비단 토론과 설득의 순간에만 문제가 되는 화법이 아니다. 점심 식사 후 가볍게 마주앉은 카페에서의 대화도 마찬가지다. 그것이 사소한 이야기든 진지한 고민이든 우선은 그의 시간을 존중해주어야 한다. 그래야 나의 언어들도 존중받을 자격을 얻는다.

5. 대화의 공백을 자연스럽게 받아들인다

여럿이 모여 즐거운 이야기들로 공간을 채우다 모두가 말을 하지 않고 정적이 흐르는 순간이 있다. 나는 이럴 때면 꼭 나서서 이렇게 말한다. "천사가 지나가는 시간이네." 대화의 공백을 불편해하는 이들이 많다. 이 공백을 견디지 못하는 사람이 무리하게 나서서 주제를 선점하다 간혹 실수가 나오곤 한다. 하지 말아야 할 말을 한다거나 갑자기 누군가의 험담으로 넘어가는 비극이 그것이다.

　대화의 공백을 당연하게 받아들여라. 축구선수들도 공이 라인 밖으로 나간 순간에는 서로 물을 나눠 마시며 휴식을 갖는다. 하물며 시간을 정해놓고 하는 대화가 아닌데 뭐 그리 급할 게 있겠는가.

수백 명의 출연자들과 대화를 나누면서 내가 꼭 빼놓지 않고 준비하는 질문들이 있다. 그의 인생에서 가장 의미 있는 일이나 주제와 관련한 이야기다. 예를 들면 이런 것이다. "지난달에 20년간의 작품 활동을 정리하는 베스트 사진집을 내셨죠?" 혹은 "코로나19 기간 큰 사업 실패를 겪고 나서 삶의 방향성이 완전히 달라졌다고요?"와 같은 것들이다.

당신이 오랜만에 만나거나 심지어 처음 대화를 나누는 상대에게도 충분히 물어볼 수 있다. 상대의 정체성과 인생에 집중해 대화를 이어가면 된다. "평소에 사람들 만나는 데 있어 중요하게 생각하는 부분은 어떤 것인가요?"라거나 "사는 데 있어 교훈으로 삼는 이야기 혹은 인물이 있으세요?" 등의 질문이다. 과거에 대한 질문의 답이 자연스레 그의 현재를 가늠할 수 있게 한다. 이어지는 대화를 미래로 연결하는 데 있어서도 유용하다.

아동심리학자 피아제는 아동들의 자기중심성에 주목했다. 이는 이기적인 마음에서 비롯함이 아니다. 단지 아직 타인의 관점을 이해하지 못하기 때문이다. 어른이 되어서도 상대의 관점에서 먼저 생각하기란 쉽지 않다. 이해의 폭이라는 건 나무의 나이테처럼 시간에 비례해 자연스럽게 쌓여가는 것이 아니기 때문이리라.

피아제는 통상 여덟 살을 전후해 자기중심성은 해소된다고 봤다. 타인의 의견을 존중하고 입장을 이해하라고 학습한 결과일 뿐 인간의 본성 깊은 곳에는 자기중심성이 그대로 잠들어 있다. 대화할 때마다 그 녀석은 불쑥불쑥 튀어 올라 소통을 방해하고는 한다. 이 본능을 잠재울 수만 있다면 우리는 경청에 한 발짝 더 다가설 수 있을 것이다.

경청이 공감과 교감에 대한 진지한 고민에 기인한다면 이렇게 생각해보자. 당신의 대화 상대 역시 여전히 자기중심적인 사고를 가지고 있다고 말이다. 실제로 사람들은 스스로가 무대의 주인공이라고 느끼며 많은 타인이 자신을 주시하고 있다는 착각 속에 살고 있다. 그렇다면 그 바람을 이뤄주는 것이다. 상대에 대한 집중과 몰입을 통해서 말이다. 우리가 사랑하는 이의 마음을 얻기 위해 그랬던 것처럼.

POSTSCRIPT

이정표를 세우며 듣기의 다섯 가지 효용성

1. 잡생각이 사라지고 상대의 이야기에 집중할 수 있다.

2. 시점을 오가는 서툰 수다꾼들의 이야기에서 주제를 파악하기 쉽다.

3. 그가 무엇을 물어도 대처가 가능하고, 어느 시점에서 이야기를 끊고 다른 이야기로 전환할 수 있을지 예상이 가능하다.

4. 상대에 대한 그리고 그의 이야기에 대한 섣부른 판단에 빠지지 않을 수 있다.

5. 표면적으로도 심층적으로도 나의 침묵을 유지할 수 있다.

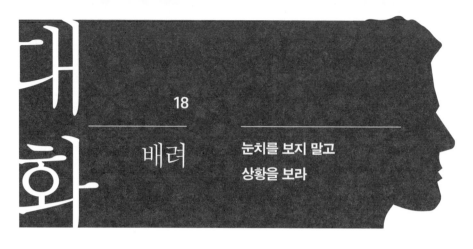

18

배려

눈치를 보지 말고
상황을 보라

섬 이라서 좋은 제주는 때로 기상 악화로 인한 결항과 지연 운항으로 방문객을 불안하게 한다. 지난 봄에도 한 시간 지연에 공항 바닥에는 장사진이 펼쳐졌다. 할머니 한 분이 유난히 힘들어 보여 눈길이 갔는데 다행히 빈자리를 찾으신 모양이었다. "여기 좀 앉아도 되겠어요?" 할머니가 많이 봐도 불혹 언저리인 여성의 옆자리를 가리키며 하신 말이었다.

"자리 있어요!" 찌푸린 표정과 앙칼진 말이 내게까지 차갑게 날아왔다.

탑승을 위해 줄을 섰던 나는 할머니를 차마 외면하지 못하고 다가가 여성에게 말했다. "제가 지켜보니 이 가방 주인 아니신가요? 바닥에 내려주시면 할머니가 편히 앉아 기다리실 수 있지 않을까요? 그렇게 해주시지요."

여성의 따가운 눈총이 나를 향하는 사이 주변의 가방들이 분주히 주인의 무릎과 바닥으로 옮겨졌다.

배려와 공감은 한 단어와 같다. 배려가 몸에 밴 사람의 생각은 공존을 중심으로 돌아간다. 반면 공감이 부족한 이들은 배려를 베풀 기회조차 갖지 못한다. 자신이 중요하다 못해 자신의 가방마저 한자리를 내어주는 이기적인 군상으로 살아갈 뿐이다.

공감은 감성이 풍부한 사람들의 전유물이 아니다. 이성에 따르는 기계적 행동으로 비칠 수도 있지만 배려는 몸이 먼저 움직이는 조건반사에 가깝다.

최고의 토크쇼 진행자로 꼽히는 래리 킹은 자신과 같은 사람들을 '교감인'이라고 칭했다. 좋은 방송을 위해서는 출연자의 상황에 집중해 이야기를 끌어가야만 한다. 이는 오롯이 중심을 상대에게 두는 행위다. 상황에 집중하는 대화는 우리에게도 필요한 재능이다. 배려를 실천하는 교감인이 되는 방법으로 난 다음의 두 가지를 권한다.

첫째, 작은 이해관계일지라도 '만약'을 붙여 보자.
객관적인 시각의 또 다른 내가 묻는다. "이봐, 빈자리를 찾는 유목민이 만약 너라면 어떨 것 같아?" 또는 "친구, 만약 너의 부모라도 가방에게 한 자리를 내줄 건가?" 만약if은 과거에 집착해 현실을 비관하는 데 쓰이는 단어가 아니다. 현실의 상황을 객관적으로 파악하고 옳은 선택으로 미래를 여는 언어다.

흔히 사람들은 자신의 주장을 밀어붙이고 말을 관철시키는 것이 자존감을 지키는 것이라고 착각한다. 비슷한 이야기에 선배 'ㄱ'이 이렇게 반문했다. "뭘 만날 남을 배려하래. 그게 눈치 보는 거하고 다를 게 뭐야. 눈치 보고 사는 건 회사에서 하는 것만으로도 충분해. 처자식에 친구들 심지어 후배들 눈치까지 보고 살라는 거야?"

그러자 내가 차분히 물었다. "만약 유치원을 다니는 선배 딸이 하루는 집에 와서 이렇게 말했다고 생각해보세요. '아빠, 오늘 나 죽을 뻔했어. 기사 아저씨가 오른쪽으로 도는데 엄청 큰 버스하고 부딪칠 뻔했어'라고 말이죠. 통학버스 기사가 우회전 부주의로 자칫 교통사고로 이어질 상황이었어요. 선배는 그 기사에게 뭐라고 하시겠어요?"

아이의 이야기에 상상만으로도 발끈한 선배는 격앙되어 말했다. "그런 기사는 당장 전화해서 해고 조치해야지. 아이들을 태운 차면 더 주의 깊게 운전을 해야지!"

시간 맞춰 아이들을 내려주지 않으면 학부모들의 책망을 받을까 서둘러 운전하는 것은 운전자 자신을 위한 것이다. 과속과 과격한 운전이 아이들에게 불안감을 주고 자칫 교통사고로 이어질 수 있으니 주의하는 것은 아이들을 배려하는 것이다. 통학버스 기사는 그래야만 한다.

둘째, 눈치를 보지 말고 상황을 보라.

나는 어린 시절부터 눈치를 많이 보는 성격이었다. 퇴근 후 집에 돌아와 유독 짜증을 내시는 아버지의 눈치를 봐야 했고, 학교에선 반장을 하며 담임의 눈치를 봐야 했다. 어느 날 여자친구의 눈치까지 살피는 나를 발견하고는 내 자신이 싫어지기도 했다. 그런 내가 달라진 이유는 우연한 계기를 통해서였다.

어느 여름날 일터에서 땀을 비 오듯 흘리며 일하시는 아버지를 우연히 보게 됐다. 나는 어쩔 줄 몰라 외면하고 그 자리를 떠나고 말았다. 아버지의 눈치를 봐서가 아니었다. 그의 안쓰러운 모습을 아들이 봤다는 것을 당신에게 알리고 싶지 않아서였다. 그럼에도 모른 척 돌아서는 내 뒷모습을 봤다면 분명 서운하셨을 것이다. 결과적으로는 이는 눈치를 본 게 아닌가.

눈치는 상대의 행동에만 초점을 맞춰 반응하는 행위다. 왜 그런 행동을 하는지 보다는 그 행동이 나에게 미칠 영향을 우려해서다. 배려는 상대의 상황을 알지 못하면 할 수 없는 행동이다. 상대가 그런 말을 하게 된 이유, 특정 행동을 하게 된 이면을 차분히 생각해보는 과정이다. 이후 난 여름날 땀에 전 아버지의 옷을 받아드리고 시원한 미숫가루를 타드렸다. 그러자 어느 샌가 아버지의 짜증도 조금씩 줄어드는 것을 느낄 수 있었다.

가장 최상위의 화술은 상황에 맞는 말을 하는 것이다. 흔히 즉흥적인 말하기를 가리켜 애드리브Ad Lib라고 한다. 이는 라틴어 'ad libitum'의 우리식 표현으로 '하고 싶은 대로'라는 뜻이다.

그런데 하고 싶은 대로 막 하는 말은 애드리브가 아니다. 진정한 애드리브의 핵심은 상황에 맞는 말에 있다.

다시 의미를 정리하면 '상황에 맞는 즉흥적인 말하기'가 애드리브다. 애드리브는 사실 영어권 국가에서는 잘 쓰지 않는 표현이다. 굳이 쓴다면 '즉흥'이라는 의미의 'improvement'를 쓴다. 단어가 어찌 되었건 중요한 것은 이 표현을 쓰는 상황은 우리와 같다는 점이다. 분위기가 무겁게 가라앉아 무언가 재미있는 요소가 필요할 때 분위기를 띄우기 위해서 스스로를 희생 또는 가벼이 해 가며 애드리브를 날리는 것. 일종의 배려다.

배려는 상황에 맞는 말처럼 하나의 능력이다. 개인차가 있을 수밖에 없다. "나 같으면 이렇게 했을 텐데 왜 저 사람은 그걸 생각 못 할까?"라고 말하곤 하는가? 또는 "참 이해할 수가 없네. 말을 꼭 그렇게 해야 했어?"라고 한탄하는가? 배려의 말은 그것이 서툴고 어설퍼도 마음이 담겨있다면 일정 이상의 효과를 발휘한다.

백화점의 대형 유리문을 열고 들어서 뒤따르는 사람이 안전하게 들어오도록 잠시 문을 잡아주는 행동만으로 낯선 이는 나의 배려를 충분히 느낄 것이다. 찬 손을 잡아주고 축 처진 어깨를 한번 툭 치며 밝게 웃어주는 것만으로 마음이 따뜻해진다. 내가 힘들거나 상대가 부담스럽지 않을 배려를 원한다면 우선 내 마음부터 뜨겁게 달구자.

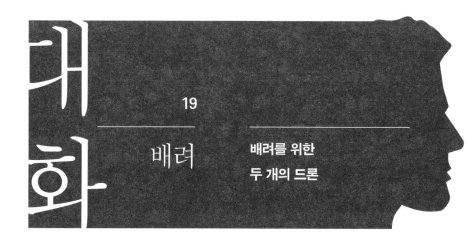

19

배려

**배려를 위한
두 개의 드론**

배려의 핵심은 상황 파악 능력이다. 그런 측면에서 이제는 일반적인 개념으로 자리 잡은 메타인지와도 일맥 통한다. 상위 인지 능력이라고도 하는 메타인지 능력은 '스스로를 바라보는 객관적인 또 다른 나'를 의미한다. 교육의 측면에서 냉정하게 나의 학습 수준은 어떤지, 내가 잘하는 과목과 부족한 부분이 무엇인지를 스스로가 깨닫고 있다는 의미다. 대화의 영역에서는 내 생각을 제대로 반영하는지, 상대의 이해를 높이기 위한 단어와 문장을 적절히 사용하는지 등의 말하기 전반을 스스로 통제함을 뜻한다. 마치 타인이 되어 나를 바라보듯 말이다.

> **당신이 유머 감각이 있다는 것을 증명하는 것은
> 농담을 하는 것이 아니라 받아들이는 능력이다.**
>
> **_ 맥스 이스트먼**(작가)

분위기를 띄우기 위해 자신을 내려놓고 애드리브를 던지는 것도 일종의 배려다. 누군가를 웃게 하는 것은 상대의 취향이나 성격 혹은 다양한 인구통계학적 정보까지 필요한 고난도의 커뮤니케이션이다. 이렇게 반문하는 이들도 있을 것이다. "하루하루 먹고살기도 힘들고 내 마음대로 되는 일도 하나 없는 삶에서 유머요? 장난합니까?" 유머에 대한 이스트먼의 정의가 그에 대한 답이 될 수 있을까.

'당신이 배려할 수 있는 사람이란 것을 증명하는 것은 배려하는 것이 아니라 받아들이는 마음이다.' 상대의 행동과 말을 배려라고 해석할 수 있다면 당신은 충분히 배려를 베풀 수도 있는 사람이다.

배려를 주고받을 수 있으려면 우리에게는 카메라를 장착한 두 개의 드론이 필요하다. 하나는 상대를 아래에서 바라보기 위한 것이다. 흔히 '앙감(仰瞰)'이라고 한다. 높게 솟은 위인들의 동상을 떠올려보자. 광화문의 세종대왕상을 우리는 아래서 올려다본다. 이때 그의 위엄이 더 크게 다가온다. 이는 상대의 위엄을 느끼라는 것이 아니라 대화 상대에 대해 존중과 존경의 태도를 가지라는 뜻이다.

또 하나는 '부감(俯瞰)'이라고 하는 높은 곳에서 바라보기 위한 것이다. 방송국에는 지미집이라는 거대한 카메라 장비가 있다. 기다란 다리가 회전하며 위에서 내려다보고 무대와 객석의 전체적인 장면을 담아낸다. 이는 주의를 환기시키는 역할도 하지만 이차원 화면이 전달하지 못하는 현장 상황을 조망하게 해준다. 상대가 보이는 당장의 말과 행동보다는 그의 전반적 상황을 고려하려는 노력을 의미한다.

두 개의 드론을 능수능란하게 운용할 수 있다면 당신은 배려의 기술을 터득한 셈이다. 어떤가? 생각보다 어려운 일이 아니다.

회사의 대표들을 대상으로 하는 강연 자리에서 두 개의 드론 이야기를 했더니 한 CEO가 배려에 대해 근본적인 질문을 했다. "강사님의 이야기는 아주 인상 깊게 들었습니다. 그런데 살 만큼 살고 사람도 겪을 만큼 겪어 본 제가 보기에는 말이죠, 배려를 굳이 해야 하는 이유나 당위성을 당최 알 수 없다는 겁니다. 생각보다 사람들은 배려를 당연하다고 느낄 뿐 내게 돌아오는 것은 그다지 없더군요."

나는 CEO들에게 이런 이야기를 들려주었다. "제 첫 책인《좋은 사람이 좋은 말을 한다》는 사실 베스트셀러라 부르긴 부족한 부분이 많습니다. 그런데 어느 날 출판사 대표에게 연락이 왔어요. 제 책을 다른 유형으로 더 출간하기로 했다고 말이죠. '큰글자도서'라더군요. 시장이 넓지 않고 책이 커진 만큼 제작비가 더 든다는 말도 덧붙였죠. 그래서 제가 물었습니다. '그럼 굳이 같은 내용인데 크기만 키워 출간할 필요가 있을까요?' 그날 출판사 대표가 해준 이야기는 제 마음을 크게 울렸습니다. '우선 어르신들도 말하기에 대한 관심이 제법 높아요. 그런데 관련 큰글자도서는 많지 않죠. 완전히 시각을 잃지는 않았지만 정상 시력을 못 갖춘 장애인들도 많거든요. 그분들을 위한 것이기도 해요. 수익보다는 출판 시장 저변도 확대하고 독서 약자들에 대한 하나의 배려라고 생각해주세요.' 초고령화 사회에 진입한 일본에서는 이미 오래전부터 글씨 크기를 키운 신문을 별도로 판매합니다. 대표님이 하실 수 있는 배려가 당장의 이익으로 돌아오지 않을 수도 있죠. 하지만 그 노력을 분명 알아주는 직원과 더 나아가 소비자가 있지 않을까요? 그러니 배려의 끈을 부디 놓지 마시길 바랍니다."

배려는 우리가 함께 살아가야 하는 이유를 알려주며 인류가 바보로 멸망하지 않게 도울 공존의 기술이다.

POSTSCRIPT

큰글자도서가 나온 후 내게는 좋은 일이 생겼다. 아들이 책을 낸 것이 자랑스러웠던 아버지는 근거리에 책을 두고 쓰다듬기만 하셨었다. 보기 힘드셔서 그러셨을 텐데 내 생각은 그에 미치지 못했다. 출판사에서 보내준 큰글자도서를 드렸더니 조금씩 읽기 시작해 지금은 완독하셨다. 또 청주에 단 한 곳인 점자도서관에서 큰글자도서를 받아 보고는 점자책으로 제작해주었다. 그 후 매년 두세 번씩 그곳 시각장애인들과 봉사자들을 위한 강연을 이어가고 있다.

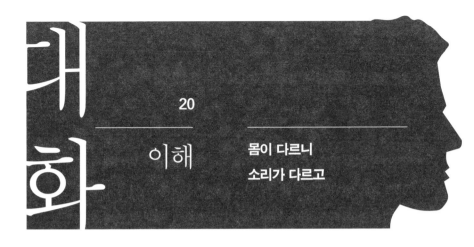

고 박상륭 작가는 살아생전 자신의 작품들이 '뫎론(論)'에
기반 한다고 말했다. '뫎'이라는 단어는 우리에게 다소
낯설다. 작가의 심오한 작품 세계를 다 이해할 수는 없지만 나
의 해석은 이렇다. 우리의 몸과 말과 마음은 각각 하나의 우주
와 같다. 개개인의 '몸'이라는 우주는 또 다른 우주인 '언어'를
통해 '마음'의 우주로 나아간다. 그 마음은 내 것일 수도, 말이
향하는 타인의 것일 수도 있다.

오랜 시간 말로 먹고살며 언어의 힘을 믿어온 내겐 이렇게 이
해됐다. 중세시대 수사학에서도 몸과 말 그리고 마음이 하나의
어원에서 출발했다고 봤다. 수사학이 기본적으로 타인에게 영
향력을 행사하고자 하는 목적을 가진 언어기법이기 때문이다.

인간이 소리를 낸다는 것은 메커니즘의 문제다. 메커니즘이라는 표현은 물리적이고 심리적이며 영적인 의미까지 담고 있다.

하나, 물리적 측면

메커니즘은 서로 끼워 맞춰져 체계적으로 돌아가는 기계적 구조를 가리킨다. 말은 톱니의 이가 맞아 돌아가는 기계와 같다. 공기를 들이쉬어 배에 가두었다가 내뱉으며 성대를 울려 파장을 만들고, 이를 다시 입과 혀 등 조음기관을 통해 뜻을 입힌다. 어느 한 과정이라도 제대로 기능하지 못하면 자신이 낼 수 있는 최선의 소리를 내지 못하게 된다. 호흡이 부족한 사람들은 소리가 작고 말이 빠르며 성대를 무리해서 쓴다. 발성에 문제가 있는 이들은 쉰소리나 콧소리를 내 답답한 느낌을 준다. 발음의 장애는 전달력이 떨어지는 것은 물론 지속적으로 타인이 당신에게서 느끼는 이미지에 부정적인 영향을 미친다.

둘, 심리적 측면

메커니즘을 심리학 용어로 해석하면 '기제'라 할 수 있다. 사람들의 행동에 영향을 주는 심리의 작용이나 원리를 뜻한다. 靐론이나 수사학에서 말하는 '말이 곧 그의 마음이자 몸'이라는 개념과 결이 같다. 말의 내용은 당신의 심리를, 목소리는 당신의 몸 상태를 그대로 반영한다는 뜻이다.

두 가지 측면에서 살펴본 것처럼 인간의 말이란 결국 그의 신체적, 심리적 상태 그리고 마음 자세에 크게 영향을 받는다. 더 나아가 소리는 인간의 영적인 영역과도 연결된다.

셋, 영(靈)적 측면

목소리를 내는 과정은 호흡에서 출발한다. 이를 우리는 '숨'이라고 표현한다. 숨의 라틴어 anima는 '영혼'을 뜻한다. 《보컬 파워》의 저자 아서 조세프는 "목소리는 육체와 정신 그리고 영혼의 통합체다"라고 했다. 그의 정의처럼 한 사람의 소리는 그의 영혼을 담고, 말은 그 위에 기술을 얹는 행위와 같다. 그래서 우리는 상대방이 내 말을 끊고 들어올 때 당혹감을 넘어 불쾌감마저 느끼게 된다. 당신의 말을 끊임없이 부정하는 사람들에게 적대감을 가지게 됨도 마찬가지다. 말을 자르고 나섬은 결국 상대의 몸과 마음 그리고 영혼에 상처를 남기는 칼을 품었기 때문이다. 설전을 치르고 싶지 않거나 살아남을 자신이 없거든 상대의 목소리를 끝까지 들어라.

라틴어 anima의 또 다른 뜻은 '삶'이다. 유전적으로 유사한 부모와 자식 그리고 형제와 자매조차도 생김새가 다 다르다. 몸이 다르면 소리도 다르다. 자신만의 소리와 색채를 낼 수 있다는 것만으로도 개개인은 독창적인 존재다. 그러나 온전히 자신의 삶을 살아가는 일은 녹록치 않다. 끊임없는 외부의 변화와 자극에 우리의 몸과 마음 그리고 영혼이 흔들린다.

자신의 중심을 만들고 지켜나가기 위해서 제일 먼저 해야 할 일은 자신이 낼 수 있는 최선의 목소리를 찾는 일일지도 모른다.

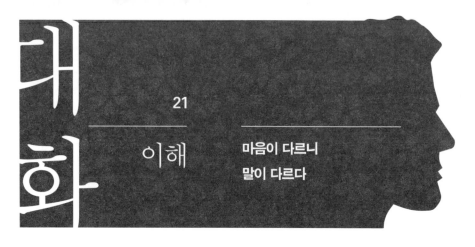

21

이해 　마음이 다르니
　　　　말이 다르다

누 군가를 온전히 이해하기는 어렵다. 사랑의 정상에 함께
　　올랐던 연인조차 내리막을 지나 계곡에 다다르면 이렇
게 말하곤 한다. "말이 안 통해." 갑자기 서로 중 누군가가 다른
사람이 된 것일까? 애초에도 이해할 수 없었지만 사랑에 눈이
멀어 진정한 소통은 잠시 미뤄두었으리라. 대화가 줄어들 무렵
뜨거웠던 마음도 조금씩 식어가기 마련이다. 사랑에 기반을 둔
관계에서 대화가 더 중요한 이유는 여기에 있다.

　기호학자들은 인간의 몸을 확장한 것이 매체라 말한다. 현대
인들의 스마트폰 중독 증상은 그것을 수시로 문지르는 우리의
행동에서 출발했다. 스마트폰 중독이 그 어떤 중독보다 심각한
점이 여기에 있다. 부모의 품보다, 연인의 손길보다 더 자주 더
긴 시간 당신의 몸에 닿아 있는 존재가 아닌가? 어느 순간 인간

과 매체가 하나가 되어버린 셈이다.

사람 사이의 관계도 휴대전화나 노트북을 다루듯 건조해졌다. 상대의 마음을 들여다보기보다는 표면적 요소에 좌우된다. "저 사람이 하는 말의 의미는 무엇일까?"하고 곱씹기보다는 "저 사람은 말을 왜 저렇게 하지?"라며 말의 의미를 이해하려고 하지 않는다.

쇼츠나 밈과 같은 짧게 응축된 미디어의 메시지는 직관적이고 가벼울 수밖에 없다. 하지만 매체의 존재는 소통을 위한 것이었다. 미디어가 만들어낸 새로운 형식이 인간의 소통방식마저 바꿔 놓았다. 결코 등락을 가르는 면접이나 회사의 명운이 달린 투자자를 상대로 한 프레젠테이션과 같이 특별한 순간에 해당하는 이야기가 아니다. 매일 반복하는 가족과의 식사 자리 혹은 연인과의 데이트 순간이나 친구들과의 수다 등 일상에서 마주하는 모든 사람과의 대화에 해당하는 문제다.

노아의 방주 이후 인간은 하느님에 대항해 바벨탑을 쌓아 올렸다. 이로 인해 인간은 뿔뿔이 흩어졌고 서로 다른 언어를 사용하게 되었다. 하느님으로부터 멀어진 마음이 결국 인간 사이의 거리까지 멀어지게 만든 것이다. 바벨babel의 뜻은 '그가 온 땅의 언어를 혼잡하게 하다'이다. 사람 사이의 벽은 결국 그들의 언어에서 비롯했다. 우리는 분명 같은 언어를 사용하고 있는데도 서로의 말을 이해하지 못하는 지경까지 왔다. 서로의 마음이 다르기 때문이다.

서로를 이해한다는 것은 상대의 마음을 어루만지는 과정이다. 휴대전화의 화면을 쓰다듬어 원하는 정보에 도달하듯 상대의 마음을 보듬어 이해하려고 노력해야 소통에 다다르게 된다.

현명한 사람이 갖추어야 할 말의 원칙도 여기에 있다. 관계에서 원하는 바를 이루고 싶다면 일상의 말과 대화를 통해 스스로 쌓아 올린 벽을 낮추고 상대에게 몰입하고 이해하는 데 초점을 맞추자. 그것이 당신에게 사람과 세상으로 통하는 새로운 다리를 놓아줄 것이다. 벽을 눕히면 다리가 된다.

우리는 서로에 대한 완전한 이해 없이도 완벽하게 사랑할 수 있습니다.

_ 영화 〈흐르는 강물처럼〉 중에서

마음의 생각이 몸이라는 도구를 통해 말이 된 언어는 공기 중에 파장으로 잠시 존재한다. 우리의 달팽이관이 그 짧은 신호를 언어로 바꾸어준다. 이 언어는 그를 접한 마음에 따라 해석된다. 몸이 다르니 소리가 다르고, 마음이 다르니 말이 다르다.

타인을 완전히 사랑할 수 있을지는 몰라도 온전히 이해한다는 것은 애초에 불가능한 일인지 모른다. 말보다는 마음을 보고자 하는 노력이 결국 관계의 본질임도 여기에서 기인한다. 물론 인간이라는 하나의 우주를 어찌 몇 번의 떨림으로 온전히 이해할 수 있겠는가. 하지만 누군가를 알아간다는 것은 미지의 광활

한 우주를 탐험하는 끝없는 여정이다. 그래서 현생의 만남을 몇 겁(劫)의 인연이라 하는 게 아닐까.

누군가를 온전히 이해하려는 '마음 씀'이 곧 소통하려는 이의 '자격'이다.

POSTSCRIPT

수심(修心)·수신(修身)·수사(修辭)를 전 인생을 걸쳐 수행(修行)하라.

퇴계 이황은 불필요한 말을 피하고 꼭 하더라도 정제된 표현을 위해 애썼다. 예의 바른 태도와 부드러운 어투로 사람들과 자연스럽게 소통했다고 전해진다. 잦은 병마와 싸우면서도 일흔 살까지 장수하게 만든 비결은 마음과 몸과 말의 단련을 게을리 하지 않은 데에 있다. 즉, 마음을 닦는 수심과 몸을 닦는 수신 그리고 말을 닦는 수사를 일생을 걸쳐 수행했기에 우리나라를 대표하는 성리학자로 남을 수 있었다.

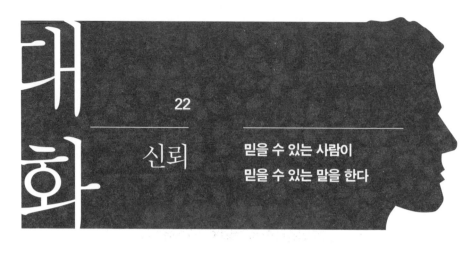

지하철 옆자리에 지팡이를 짚은 노인과 그를 부축하는 중년의 여성이 나란히 앉았다. 아버지가 생각나 애틋한 마음이 들었다. 조금이라도 편히 앉으시라고 왼편으로 바짝 붙어 앉아 가만히 그들을 훔쳐봤다. 서로 살가웠다.

재미난 일이 있다는 듯 딸이 먼저 말했다. "아빠, 이번에 우리 집 공동명의로 바꿨어요. 근데 남편이 그러는 거야. '공동명의로 하긴 하는데 이거 세금이나 여러 면에서 손해 아닌가 몰라'라고 말하더라고요."

그러자 느릿하지만 유쾌함을 잃지 않고 아버지가 말했다. "하하, 막상 넘긴다고 생각하니 불안했나? 내가 보기엔 그냥 네 명의로 해도 시원찮아. 우리 딸이 더 많이 벌어서 대출 갚았잖아."

부인 : 당신은 나를 얼마나 믿어?

남편 : 51프로!

부인 : 에게~ 고작?

남편 : 내가 50프로 믿는다고 하면 믿지 않는 거고, 51프로 믿는다면
100프로 믿는다는 거야.

_영화 〈넘버 3〉 중에서

단 1퍼센트의 믿음이 어떤 의미를 담고 있을까? 영화 속 대사
가 부녀의 대화와 겹쳐지며 '신뢰란 무엇인가?' 하는 물음이 들
었다. 이야기꾼을 자처한 삶을 살아왔지만 가끔 내가 하는 말들
이 온전히 사실임을 확신하지 못할 때가 있다. 상대의 말이 진
실하지 못하다고 느끼는 순간 오히려 그런 불신은 더욱 커진다.

그런 말이 있지 않은가? 연인의 바람을 의심하는 측이 오히
려 바람을 피워 봤거나 그런 마음이 더 클지도 모른다는 이야기
말이다. 대화에서 상대를 믿고 안 믿고는 때론 결정적인 문제가
되기도 한다. 이는 기존의 신뢰와 연결된 이야기다. 한 사람이
누군가의 마음에 자리하는 데 작용하는 요인은 호감과 신뢰다.

신뢰는 기업의 지속가능성에도 결정적인 요소다. 라면 시장
은 삼양라면의 공업용 소기름 사용 파동 이후 선두 자리를 꿰찬
신라면이 무려 30여 년 동안 정상에 있었다. 그러던 중 선두 경
쟁에 도전장을 던진 제품이 있었다. 진라면은 숫자 2에 주목했
다. 모델이 정신없이 라면을 먹다가 말한다. "사실 우리나라에

서 제일 많이 팔리는 게 진라면이 아닙니다. 하지만 아니면 어떻습니까? 이렇게 맛있는데! 언젠가는 1등 하지 않겠습니까?"라면 시장 내 2위라는 사실을 먼저 알리고 노력해서 신라면을 밀어내고 1위에 오르겠다는 선전포고였다. 실력과 겸손을 겸비하면서 스스로 단점을 언급하고 비전을 제시해 사람들의 마음에 믿음을 심는 전략이다. 흔들리지 않는 믿음을 위한 또 다른 두 축은 인정과 긍정이다.

> **저희 회사의 철근이 저렴하다고는 말할 수 없습니다. 그러나 저희 회사는 약속한 날짜를 한 번도 어긴 적이 없습니다. 어느 회사보다 더 빠르게 원하는 만큼의 철근을 공급해드리겠습니다.**
> **_모 철강회사 영업사원**

지금은 부장쯤 되었을 한 철강회사의 영업사원은 교육 당시 내 지침을 정확히 반영해 자기소개를 했다. 여기에는 흔들림 없는 믿음을 위한 네 개의 축을 모두 갖춘 대화 전략이 숨어있다.

첫째, 강점에 앞서 약점을 인정하고 먼저 제시한다.
"저희 회사의 철근이 저렴하다고는 말할 수 없습니다."
둘째, '그러나'라는 대립 접속부사로 강점을 긍정적으로 부각시킨다.
"그러나 저희 회사는 약속한 날짜를 한 번도 어긴 적이 없습니다."
셋째, 겸손과 실력을 동시에 담은 말로 자신을 보여준다.

114

"어느 회사보다 더 빠르게 원하는 만큼의 철근을 공급해드리겠습니다."

스스로 부정적일지도 모를 정보를 먼저 공개한 후 이를 극복한 장점을 제시했다. 이는 대화의 상대에게 믿음을 주는 전략이다. 주의할 점은 부정적 정보의 내용과 수준이다. 약점이라 함은 자신의 현재 위치를 명확히 인지하고 인정한다는 의미이지, 결코 이를 감안해서 봐달라는 의미여선 안 된다.

그런데 우리 주변에서 흔히 목격하지 않는가. 겸손을 가장했든, 정말 자신이 없든 이렇게 말하는 사람들이다. "제가 처음 해봐서 잘은 모르지만 노력해보겠습니다" 또는 "잘할 자신은 없지만 열심히 해볼게요"와 같은 식이다.

자신의 현 위치를 명확히 인정하고 더 나은 상황을 위해 최선을 다하겠다는 의지를 보이면 사람들은 믿게 된다. 누군가를 신뢰한다는 것은 느낌에 더해 구체적 근거를 통해 알게 되는 지식과 같다. 영어 trust의 어원은 독일어 trost로 '편안함'이라는 뜻이다. 누군가를 믿게 되면 정신과 마음이 편안해지기 때문일 것이다. 배우자를 믿지 못하면 어찌 집의 명의를 나눌 수 있을까? 편하지 않은 집은 존재 가치가 없다. 믿음이 가정의 근간임도 우연이 아니다.

어느 순간부터 우리에게 믿음을 주는 요소는 '무엇'이 아닌 '누가'가 되었다. 변호사나 의사, 국회의원들의 말은 잘 통한다. 권위를 가졌기 때문이다. 유명 연예인이나 스포츠 스타의 삶은 청년들의 꿈이 된다. 그들은 인기를 통해 돈을 잘 벌기 때문이란다.

권위와 인기는 사람들에게 권력으로 받아들여진다. 인간은 믿고 싶어 한다. 믿어야 스스로가 편하기 때문이다. 믿고 싶어 하는 대중의 마음은 권위를 가진 사람이나 인기인의 말에 절대적 영향을 받는다.

그렇다면 권위와 인기는 신뢰와 동일한 의미일까? 일일이 나열하지 않아도 대중의 믿음과 마음에 상처를 준 권력자와 인기인은 차고 넘친다. 진심이 없다면, 진심을 전하지 못한다면 마음을 얻을 수 없다.

믿을 수 있는 사람이 믿을 수 있는 말을 한다.

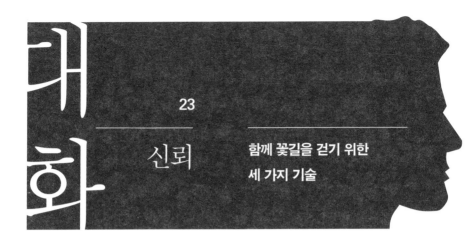

드 라마 〈미생〉에 이런 대사가 나온다.

"살면서 누구를 만나느냐에 따라 인생이 달라집니다. 파리 주변이면
변소가 있고, 꿀벌 뒤면 꽃밭을 함께 거닙니다. 저는 꽃밭을 걷고 있습
니다."

우리가 신뢰받는 사람이 되어야 할 이유는 명확하다. 나를 믿
고 따르는 이가 있다는 것은 내가 잘살고 있다는 뜻이기 때문이
다. 남을 위해 사는 인생은 없다. 남도 챙기는 삶이 있을 뿐이다.
함께 꽃밭을 걷기 위해 우리는 믿을 수 있는 사람이어야 한다.

1. 대화의 상대에게 당신의 '호의'를 느끼게 하라

심리학의 스트로크stroke란 관계 속에서 우리가 주고받는 모든 것을 말한다. 사전적으로는 '어루만지다', '쓰다듬다' 그리고 '듣기 좋은 말로 상대의 자존심을 만족시키다'라는 뜻이다. 결국 인간관계에서 호의를 주고받는 행동과 언어를 통칭한다.

가족심리학자 버지니아 사티어Virginia Satir는 "사람이 생존하려면 하루에 4번의 포옹이, 그럭저럭 살아가려면 하루에 8번의 포옹이, 건강하게 성장하려면 하루에 12번의 포옹이 필요하다"라고 물리적 스트로크의 중요성을 강조했다.

칭찬이나 인정과 같은 정서적 스트로크는 정신 건강에 필수다. 마주치는 사람마다 눈을 바라보며 애정을 담아 "안녕하세요?" 하고 인사를 나누어라. 호칭이나 지위가 아닌 상대방의 이름을 매번 불러주어라. 얼굴과 이름을 기억해 인사를 하는 사람은 사회적 성공의 중요한 기술을 갖춘 셈이다. 정서적 스트로크를 통해 친밀감을 형성하고 서로 간의 호의를 느끼면 이는 신뢰로 이어진다.

호의는 영어로 grace다. 흔히 우아함을 표현할 때 사용하는데, 호의는 바로 우아한 사람들이 갖춘 능력이다.

재주는 빨랫줄에 걸린 속옷과 같고,
덕은 장롱 속에 넣어 둔 속옷과 같다.
산들바람만 스쳐도 창피한 줄도 모르고
사람들 눈에 재주라는 속옷은 나풀거린다.

> 그러나 장롱 속 덕이란 속옷은 남의 눈을 피하여
> 그것을 입을 사람에게 추위를 면하게 해주려
> 항상 기다리고 있을 뿐이다.
> _ 장자

2. 당신의 능력을 상대의 '이익'을 위해 써라

grace에는 '덕'이라는 뜻도 있다. 호의가 담긴 행동은 덕을 쌓는 과정이다. 송나라의 사상가 장자는 덕의 속성을 속옷에 비유했다. 당장 눈앞에 드러나는 이익이 없을지라도 쌓아갈수록 진가를 발휘하는 것이 덕이다. 덕을 쌓는 이들 곁엔 항상 이웃이 있다.

우리 주변에는 작은 도움도 도드라지고 요란스럽게 펼쳐놓는 이들이 제법 많다. 드러낼수록 반감되는 것, 바로 공치사다. "어때, 내 말대로 하니까 잘되지? 나한테 잘하라고"라며 옆구리를 찌르는 사람은 타인의 마음을 얻지 못한다. '웬일인가 했어. 무슨 꿍꿍이로 나서서 저런데?'와 같은 의심을 받는다.

친밀한 관계에서의 애정이란 좋은 것은 자신을 위해서가 아니라 상대를 위해 바랄 때 진정성을 갖춘다. 누군가를 돕는 행위도 자신이 이루는 것 못지않은 성취감을 준다.

믿음의 근간에는 이타성이 자리한다.

3. 현실의 작은 사안이라도 서로의 '행복'을 선택하라

고대 그리스에서 덕은 일종의 능력이었다. 소크라테스는 덕이 바로 지식이라고 했다. 동물과 구별되는 인간의 특성이자 능력이라는 뜻이다. 소크라테스의 스승인 플라톤은 더 나아가 덕은 인간의 온갖 능력이 이상적으로 발휘되어 완성에 도달한 것으로 정의했다.

아리스토텔레스는 프로네시스phronesis라는 단어로 이를 대신했다. 해석하면 '실천적 지혜'로 실생활 속에서 현명한 선택을 하는 능력을 가리킨다. 아리스토텔레스는 이에 대해 "사람들은 좋은 것이나 나쁜 것에 대해 판단할 때 행복을 염두에 두고 좋은 쪽을 선택한다"라고 했다.

실천적 지혜로 신뢰받는 사람이 되는 조건은 두 가지다. 첫째, 당신의 말과 행동은 상대의 행복을 염두에 두어야 한다. 둘째, 선악에 대한 명확한 판단으로 더 좋은 쪽인 선을 고를 수 있어야 한다. 우리는 정의롭고 용기 있는 행동을 한 사람에게 존경을 표한다. 일상에서 그런 사람을 곁에 두는 것은 행운이며 믿고 기댈 언덕이 생기는 것과 같다.

POSTSCRIPT

당신의 말이 통하게 하는 신뢰의 다짐

하나, 욕심이 달라붙지 못하도록 마음을 가볍게 하라.
하나, 순간의 기분에 나풀거리지 않게 입은 무겁게 하라.
하나, 생각에 바이러스가 침투할 수 없도록 귀를 두텁게 하라.
하나, 어둡고 숨겨진 곳을 볼 수 있도록 눈은 밝게 하라.

본격

3장

대화의 목적을
명확하게 하는
균형의 격률

本格
二

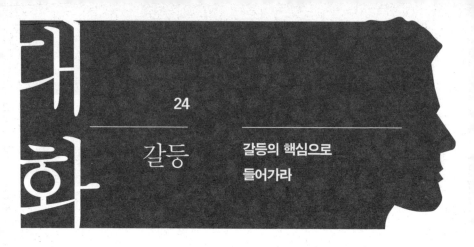

7호선이 이수역을 지날 때면 짐가방을 밀고 끄는 어르신
들과 배낭을 짊어진 젊은이들로 아수라장이 되곤 한다.
하루는 한 젊은이와 지팡이를 짚은 노인이 부딪치며 소란이 일
었다. "아니, 젊은 놈이 노인을 그렇게 밀치고 지나가면 어쩌자
는 거야?" 지나가던 중년 남성이 노인을 부축해 일으켜 세우며
불만을 터트렸다.

그러자 청년도 이에 질세라 소리쳤다. "누가 거기 서있으래
요? 저도 바쁘다고요!"

'갈등'이라는 단어가 떠올랐다. '갈(葛)'은 칡을 뜻하며 '등
(藤)'은 등나무를 가리킨다. 칡넝쿨은 시계 반대 방향으로 타고
오르고 등나무는 시계방향으로 타고 오른다. 서로 방향이 다르
니 감아 오르는 동안 쉼 없이 부딪치고 엉킬 수밖에 없다. 해결

방법은 서로 다른 기둥을 타고 오르거나 서로의 공간을 번갈아 내어주며 함께 오르는 것뿐이다.

갈등 상황에 대처하는 유형을 분류할 때 경영학자인 토마스와 킬만 교수의 다섯 가지를 예로 들곤 한다. 경쟁, 협력, 타협, 수용, 회피가 그것이다. 장단점이 있지만 서로 다른 유형의 사람이 겪는 갈등에서는 좀처럼 답을 내기가 쉽지 않다. 대화로 타협점에 이르지 못하는 경우 대부분 서로가 회피하는 결과로 이어진다. 본능적으로 서로 민감한 사안이나 기억의 언급을 피하는 것이다. 갈등의 사안은 해결하지 못한 채 이내 갈등의 대상과 조금씩 멀어지게 된다.

갈등의 영어 conflict에는 '생각, 견해, 감정, 소망 등이 서로 대립해 선택하기 어려운 상황'이라는 뜻도 있다. 그중에서도 나는 '소망'에 주목한다. 결국 갈등이란 서로가 원하는 것이 상충하는 상황에서 발생한다. 이익이 관여한 문제라는 뜻이다. 이익은 대화와 설득의 결론에 해당한다. 그 결과물은 나에게도 상대에게도 이로운 것이어야 한다.

conflict는 라틴어 confligere에서 유래했다. con은 '함께'라는 뜻이다. 그럼 fligere는 무슨 뜻일까? 바로 '싸우다'이다. 나는 이를 '서로를 때리다'가 아니라 세상에 맞서 '함께 싸우다'로 해석하겠다. 만약 갈등의 어원이 후자라면 아직 희망이 있지 않은가.

어느 날 우매한 제자가 스승에게 물었다. "어떤 사람과 결혼해야 할까요?" 그러자 스승은 한 치의 망설임도 없이 이렇게 말했다. "함께 전쟁에 나갈 수 있는 사람이다."

우리는 갈등이 서로 사랑했던 이들에게서 더 극렬히 발생하는 것을 자주 목격한다. 세상이라는 전쟁터에서 함께 싸우던 가족과 부부 그리고 친구 사이가 서로 등을 돌리는 순간, 그 갈등은 더 치명적이다. 서로가 공유한 가치와 이익이 세상에 맞서 함께 싸워나갈 힘이었지만 그 이상과 가치를 달리하는 순간 극심한 갈등이 시작된다. 치약을 중간에서 짜느냐 끝에서 짜느냐의 사소한 문제든 부모의 재산을 누가 더 많이 가져가느냐의 중대한 사안이든 갈등 해결의 핵심은 사랑과 존중을 회복하는 데 있다.

액션 대작 시리즈 〈터미네이터〉의 명대사 하면 단연 "I'll be back"을 꼽는다. 주연 배우인 아놀드 슈왈제네거가 밝힌 후일담에는 감독인 제임스 카메론과의 촬영 당시 갈등도 있었다. 아놀드가 발음상의 이유로 "I will be back"으로 하려고 하자 제임스는 그냥 "I'll be back"으로 하라고 했다는 것이다. 어쩌면 우리가 겪고 있는 일상의 수많은 갈등들이 이처럼 사소한 것에서 비롯하는 건 아닐까? 결국에는 크게 다르지 않은 문제를 두고 대립하고 싸우고 멀어지는지도 모른다.

영화를 만드는 이들이 원하는 것이 영화의 성공이듯 삶의 성공은 결국 서로의 공존에서 찾아야 한다. 함께 전쟁을 준비하는 사이가 아닐지라도 누군가와 갈등 상황에 있다면 그 갈등의 본질을 들여다보자. 갈등은 피한다고 해결되거나 소멸하지 않는다. 항상 답은 문제에 있듯 갈등의 핵심에 새로운 기회가 있다.

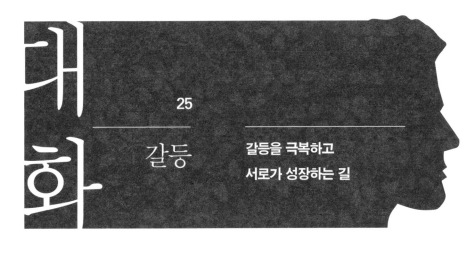

25

갈등

갈등을 극복하고
서로가 성장하는 길

하루는 회사 후배가 달려와 호들갑을 떨며 내게 말했다. "선배, 나 어떡해요. 선배에게 보낸다고 한 문자가 팀장님에게 갔어요. 팀장 욕하는 내용이었는데. 어쩌면 좋아요." 수많은 대화창을 오가다 나오는 소위 '배달 사고'였다.

내가 후배에게 조언했다. "어떻게 하긴 찾아가서 솔직하게 죄송하다고 해야지." 그 후배는 평소에도 팀장과의 사이가 원만하지 못했다. 못마땅한 업무 지시나 대화 후에는 항상 주변에 그의 험담을 하느라 많은 시간을 허비했다. 그럴 때마다 내가 말했다. "그렇게 불편한 관계를 이어갈 바에는 한 번 제대로 이야기해서 풀어야 하는 것 아니야? 언제까지 그렇게 지낼 건데?" 물론 오래 묵은 감정에 어디 그게 쉽게 되겠는가. 되돌아오는 답은 이랬다.

"싫어요. 내가 회사를 나가면 나갔지. 먼저 굽히고 들어갈 일은 없을 겁니다!"

이처럼 나와 맞지 않는 이와 공생해야 하는 일은 흔하다. 대부분 갈등의 당사자들은 서로의 이익을 위해 협력하기보다는 어쩔 수 없이 머무르며 서로를 회피하기에 이른다. 앞서 후배는 꼭 필요한 대화조차도 피해가며 회사 생활을 이어갔다.

대화의 마지노선을 그어놓은 그에게 웨이트 트레이너 아놀드 홍의 이야기를 들려주었다. 쉰 살이 넘은 나이에도 탄탄한 근육을 유지하는 비결을 묻자 그가 한 말이었다. "전 세트 당 제가 할 개수를 미리 정하거나 횟수를 세지 않아요. 그냥 더 못할 때까지 해요. 한계를 넘어야 근육이 붙어요."

나이가 들수록 근육을 키우는 건 어렵다. 체력도 힘도 기울기 시작한 나이에 근육도 자진 소멸해 간다. 한계점은 낮아지는데 운동의 강도를 높이지 못하면 더 이상 근육은 성장하지 않는다.

대화와 관계도 마찬가지다. 서로가 말하지 못한 것들이 쌓여가고 소원한 시간이 길어질수록 이를 되돌리기는 어려워진다. 갈등 상황을 좋아하는 이는 없다. 하지만 갈등을 회피할수록 자신의 성장마저 제한하고 만다.

갈등의 당사자들은 끝내 서로를 인격적으로 깎아내린다. "팀장은 항상 이기적으로 일을 처리한다니까. 자기만 편하면 다인 사람이야!"라든가 "아무개 팀원은 공과 사를 구별 못해. 초등생 수준의 응석받이라니까!"와 같이 말이다. 그것이 자신이 보이는 태도의 정당성을 높여준다고 착각하기 때문이다.

그리고 이것은 문제 해결을 더 어렵게 만든다. 의견이 다름을 문제라고 생각하고 그것이 그 사람의 인격에서 비롯했기에 틀렸다고 부정하는 경우 갈등은 더 첨예해진다. 인간의 생각과 말에도 습관이 있다. 다름을 다툼의 원인으로 만드는 것도 일종의 습관이다.

근육을 키우는 운동 방법 중 슈퍼세트라는 것이 있다. 서로 상반된 부위의 근육을 번갈아 가며 운동하는 방법이다. 이두근(팔 앞쪽 근육) 운동 후 바로 삼두근(팔 뒤쪽 근육)을 단련하는 방식이다. 같은 운동만 반복하면 근육 성장은 정체된다. 습관적으로 하는 운동의 효과는 떨어진다. 정형화된 말하기 습관을 슈퍼세트를 통해 180도 바꿔보면 어떨까. 언어력, 우리의 말에 힘을 키우기 위해 먼저 다음 질문에 답해보자.

갈등 해결 슈퍼세트를 위한 일곱 가지 질문

1. 내 잘못을 인지했다면 바로 상대에게 시인하고 바로잡을 용기가 있는가?

2. 상대 의견이 나와 다를 때 즉시 그 부분을 상세히 언급할 수 있는가?

3. 그와 나의 갈등이 시작된 문제는 어디서 비롯됐는지 명확히 아는가? 그것이 정말 서로의 신념에 배치되는가?

4. 서로 다른 신념이 대치한 상황에서 내가 양보할 여지가 있는가? 혹은 그의 신념을 바꿀 수 있겠는가?

5. 서로 양립하는 핵심 갈등의 반대 의견은 무엇인가? 서로의 의견이 정말 극과 극에 서 있는가?

6. 내 의견을 180도 돌려 생각하면 어떤 지점에 도달하는가? 상대의 의견을 180도 돌려 보면 정말 내 의견과 일치하는가?

7. 파국을 피하고 서로의 이익을 극대화하기 위한 제3의 의견을 찾을 수 있겠는가?

슈퍼세트의 효과는 크게 두 가지다. 시간을 단축하고 운동 강도는 높인다. 갈등 상황은 그것이 발생한 시점에서 시간이 흐를수록 되돌리기 어렵다. 사과나 화해는 이를수록 좋다. 스스로 습관에 베인 관성을 바꾸려면 강한 의지가 필요하다. 대화에 있어서 슈퍼세트를 적용할 이유는 여기 있다.

슈퍼세트의 숨겨진 비결은 '견제'와 '제어'다. 근육에는 '길항근'이라는 개념이 있다. 길항근은 특정 근육이 움직일 때 견제하고 제어하는 근육을 말한다. 가슴 근육의 길항근은 등 근육이고, 이두근의 길항근은 삼두근이다. 현재 사용하는 근육을 반대편에서 적당히 잡아줘 관절이 다치지 않고 운동하도록 돕는 근육이다.

일단 갈등이 빚어졌다면 이는 상호적이다. 내가 맞고 상대가 틀리는 문제가 아니다. 대립하는 의견의 절충 지점은 우리의 관절과 같다. 당신의 의견과 상대의 의견이 때로는 주가 되고 때로는 부가 되며, 그릇된 결과에 이르지 않게 견제와 제어 기능을 수행해야 한다.

상대의 일방적이고 지나친 의견은 견제해 바로 잡아야 한다. 제어를 통해 자신의 감정과 충동을 누르고 서로의 목적에 알맞은 작용을 하도록 조절해야 한다. 이를 통해 서로의 이익을 찾아가는 과정을 우리는 대화와 협상이라고 부른다.

POSTSCRIPT

갈등 해결을 위한 슈퍼세트

1. 나의 의견은 절대적이지 않고 상대의 견해도 황당하지는 않다.

2. 상대의 의견에 무조건 동조도, 전폭적인 지지도 하지 않는다.

3. 태도는 분명하되 무례함을 경계한다.

4. 서로의 신념 사이에 여백을 두고 동등한 입장에서 대화한다.

5. 상대의 실수가 보인다면 상대의 눈에도 나의 약점이 보인다.

6. 대화에서 유일한 가치는 어떤 것도 완벽하지 않다는 진실이다.

7. 진실한 친구들은 공동의 목표를 통해 함께 성장한다.

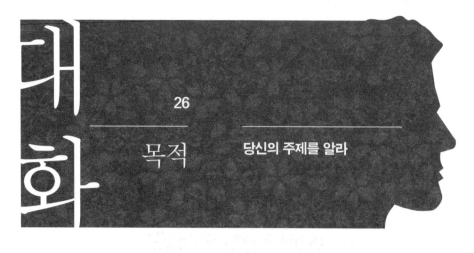

26

목적

당신의 주제를 알라

소크라테스의 '너 자신을 알라'라는 표현을 많은 이들이 잘못 해석해 '네 주제를 알고 겸손하라'는 의미로 사용하곤 한다. 소크라테스의 말은 '너' 자신을 포함해 '인간'이라는 보편적 존재의 소중함을 잊지 말라는 뜻이다. 모든 관계의 시작이 '나'라면 스스로를 소중히 여기고 명확히 하나의 주체로서 대화와 관계에 임해야 한다는 의미다. '주체(主體)'라는 단어 역시 '주가 되는 부분'이라는 뜻이다. 주체적 인간은 주제가 명확해야 한다.

주제(主題)가 '당신이 하고자 하는 이야기의 핵심' 혹은 '당신이 하고 싶은 말의 목적' 정도의 사전적 의미를 갖는다면 당신이 알아야 할 주제는 두 개인 셈이다. 하나는 '자신이 누구인가'이며, 다른 하나는 '말하는 바가 무엇인가'이다. 타인들은 당신의 말을 당신과 떼어놓고 해석하지 않기 때문이다.

혹시 이런 말을 자주 듣는가? "그래서 하고 싶은 말이 뭐야?" 라거나 "빙빙 돌려 말하지 말고 본론을 얘기해!" 아니면 "내가 묻는 건 그게 아니잖아!" 등의 표현 말이다. 종종 이런 이야기를 듣는다면 이제부터 당신의 주제를 알아야 한다.

부부나 연인 간 남성의 잘못으로 비롯된 다툼의 경우 흔하게 진행되는 대화는 이렇다. 남성이 사과의 말을 건넨다. "알았어. 내가 잘못했어."

그러면 여성은 시큰둥하게 반응한다. "뭘 잘못했는데?"

남성은 한숨을 내쉬며 한 번 더 말한다. "잘못했다고, 다신 안 그런다고."

급기야 여성의 눈과 목소리가 커진다. "그래서 뭘 다신 안 한다는 건데!"

비단 여성이 주제 파악을 더 잘하기 때문일까? 남성은 여자 친구가 화가 났다는 사실에 입각해 주제를 파악한다. '아, 사과해야 하는 분위기구나'라고 말이다. 여성은 이를 '이중 메시지'로 해석한다. 사과하는 남성의 표정이나 태도는 사과하는 사람의 그것이 아니기 때문이다. 진정성을 의심하고 남성이 잘못을 인정하지 않는다고 결론을 내린다. 남성 역시 억울한 감정만 쌓여 언제고 폭발할 화산 속 마그마처럼 부글부글 끓기 시작한다.

여성은 관계를 흐트러뜨린 핵심 행동이나 발언에 대한 구체적 인지와 사과를 원하는 것이다. 싸움의 빌미가 된 그것에 대해 여성은 왜 화를 내고 있으며 앞으로 어떻게 재발을 막을 것인지까지를 포함해 생각한다. 남성들의 사실에 입각한 사과는 "미안하다고 하면 됐잖아" 또는 "사과했잖아" 등의 의미나 태도로 비칠 수 있다. 반면 여성은 두 사람의 관계 안에서 잘못된 사안을 명확히 짚고 이후 그러지 않겠다고 해주길 원하는 것이다.

여성 역시 그냥 다그치는 대화를 넘어 더 명확히 감정을 표현할 필요가 있다. 상대에게 실망한 여성은 섣불리 갈등을 관계의 문제로 확대해석한다. 왜곡된 거울을 통해 서로의 관계까지 부정적으로 보게 된 것이다. "이제 싸워도 내 마음을 풀어줄 생각이 전혀 없다는 거지? 됐어. 기대한 내가 바보지. 말을 말아야지, 입만 아프게."

하루는 오랜 시간 부부간의 갈등을 겪어온 'ㅂ'이 예상 밖의 요청을 했다. "나 너한테서 말하는 방법을 좀 배울 수 있을까?"

내가 놀라서 물었다. "응? 말하기는 네 아들이 배워야 할 텐데. 요즘 아이들은 문해력을 키우는 게 중요하거든."

그녀는 한층 심각해졌다. "빈말하는 거 아니야. 나 남편하고 동갑인 거 알지? 또래라서 더 싸움이 잦은 거라고 생각했는데 우리는 서로 말이 안 통해. 각자 다른 언어를 쓰고 사는 느낌이랄까? 여하튼 그래서 내가 먼저 좀 바꿔보려고. 우아하게."

부부는 어린 시절부터 친구처럼 지내다가 결혼했다. 속된 말로 서로 죽이 잘 맞아서였다. 우리는 앞서 이를 '코드'와 '결'로 정리했다. 그들은 왜 언어가 안 통하는 외국인과 소통하듯 대화가 어긋나기 시작했을까? 서로 이해하고 알아들을 거라는 착각 속에 친절하게 말하는 법을 잊었기 때문이다.

내가 그녀에게 다시 물었다. "네가 느끼기에 두 사람 대화에서 가장 큰 문제점은 뭐라고 생각해?"

그러자 그녀가 대답했다. "흠, 일단 남편이 무슨 말을 하는지 정확히 모르겠어. 내가 대충 해석해서 일을 처리하면 화를 내. 말귀를 못 알아듣는다나 뭐라나."

"두 사람 다 주제 파악을 못 하는구나!" 내가 이렇게 진단을 내리자 그녀는 어두운 낯빛으로 한동안 나를 멍하니 바라보았다.

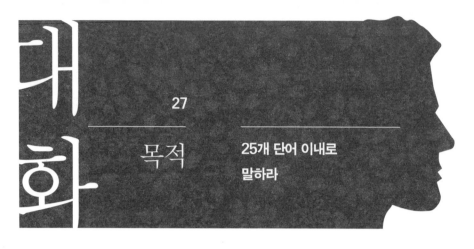

서로가 주제를 제대로 파악하지 못해 일어나는 갈등을 앞서 이야기했다. 어찌 보면 감정의 문제에서 비롯된 오해들이다. 그렇다고 언제까지 상대의 감정이 달라지기를 기다리거나 요구할 수는 없다. 때로는 대화의 기술이 서로 간 소통의 문제를 해결해 묵은 감정까지 개선되는 선순환을 불러오기도 한다. 중요한 것은 서로의 목적은 항상 '공존'에 있다는 점을 잊지 않는 것이다.

대화한다는 것은 아직 문제를 해결할 기회가 있다는 뜻도 된다. 대화를 통해 관계를 개선해보고 싶은 'ㅂ'에게 난 차분히 기본 훈련법을 소개했다.

오래 관계를 이어온 가족이나 친구들 사이에 발생하는 흔한 대화의 오류는 생략이나 축약에 있다. 온전한 문장으로 말을 하지 않는다는 뜻이다. 대부분 주어와 술어를 생략한다. "밥 먹자고 하더라고" 혹은 "일단 그러지 뭐. 그러기로 했잖아" 등과 같이 말이다. '누가' 밥을 먹자는 건지, '그러자'는 어떻게 하자는 건지 알 수 없다.

그럼 차라리 횡설수설일지라도 많은 말을 하는 게 나을까? 무수한 말들을 쏟아내 피로감을 높이지만 명확히 무슨 말을 하는지 종잡을 수 없는 사람이 있다. 그 말의 끝에는 누군가가 나서서 이렇게 덧붙일 수밖에 없다.

"그래서 누가 어떻게 했다는 건데?"

수학자 피타고라스는 일찍이 '많은 말로 적게 말하지 말고, 몇 마디로 많이 말하라'고 했다. 이는 언어의 경제성과 닿아있다. 경제성이라고 하면 무조건 말수가 적어야 한다고 생각할 수 있다. 그러나 온전히 다 전하지 못한다면 '예', '아니요'라고 말하는 것만 못하다. 하고자 하는 말을 다 담아내면서도 표현은 간결해야 한다는 의미다.

'꿈의 공장', '꿈을 그리는 감독' 등의 수식어가 말해주듯 스티븐 스필버그는 21세기 가장 창의적인 영화감독으로 꼽힌다. 그가 한 다음의 말에는 영화 시나리오 작가들은 물론이고 다양한 분야에서 창작을 꿈꾸는 이들과 모든 이야기꾼들이 갖추어야 비법이 숨어있다. 스필버그는 이렇게 말한다.

"좋은 영화는 25개 단어 이내로 전달할 수 있는 이야기여야 한다."

할리우드가 세계 영화의 중심으로 자리 잡은 후 수많은 감독 지망생들은 자신의 시나리오가 간택받기를 꿈꾸며 모여들었다. 아카데미 홈페이지에 가면 이런 지망생들이 자신의 작품을 알릴 수 있는 기회의 공간이 마련되어 있는데, 일명 로그 라인 Log Line 이라고 한다. 이야기의 방향, 즉 자신의 이야기가 무엇을 말하는지를 한 문장으로 요약한 줄거리로, 미국 할리우드 제작자들에게 자신의 시나리오를 소개할 때 활용한다.

이는 좋은 대화의 핵심적인 요소들과 같다. 하고자 하는 이야기를 '흥미롭고 함축적이며 간결하게' 요약했다는 점이다. 다음 문장들을 읽고 어떤 작품인지 떠올려 보라.

- 재벌가의 정략으로 원치 않는 결혼을 하게 된 여자가 초호화 유람선에서 우연히 만난 로맨틱한 하층민 남성과 죽음을 초월한 사랑을 완성해 간다.
- 비극적 사건으로 임신한 아내를 잃은 전직 특수요원이 전당포를 운영하며 알게 된 이웃집 소녀가 범죄조직에 납치되자 그녀를 구하기 위해 목숨을 건 싸움에 나선다.
- 형편없는 실적으로 해체 위기에 놓인 마약반이 국제 범죄조직을 소탕하고자 위장 창업한 치킨집이 대박 나며 수사와 장사가 주객이 전도된 상황을 맞는다.

순서대로 〈타이타닉〉, 〈아저씨〉, 〈극한직업〉이다. 천만 관객의 사랑을 받으며 흥행한 영화 세 편의 로그 라인을 작성해봤다. 혹 단어 수를 세어 보았는가? 모두 20여 개의 단어를 한 문장으로 표현했다. 영화산업에서 비롯한 이 개념에는 일상에서 발생하는 소통의 문제들을 해결하는 실마리가 숨어있다. 또한 대화나 설득할 때 오해를 줄이고 말하려는 바를 명확히 하는 유용한 방법 중 하나다.

주변에 수많은 이야기들을 쉴 새 없이 쏟아내지만 도무지 무슨 말을 하려는지 알 수 없는 친구가 있는가? 그런 친구들이 대화 도중 꼭 하는 말이 있다. "가만, 내가 어디까지 이야기했지?" 혹시 당신도 그런 사람인가? 그렇다면 우리에게 필요한 훈련이 바로 로그 라인을 작성해보는 연습이다.

여러분이 재미있게 보았던 최근 영화나 인생 영화의 로그 라인을 직접 작성해보자. 짧은 단편 소설을 읽고 25개 단어가 넘지 않게 요약해보는 것도 좋다. 아니면 좋아하는 드라마를 보고 매회 한 문장으로 말해보는 것도 괜찮다. 꾸준히 연습하면 당신의 메시지는 명료하고 적절하며 간결해질 것이다.

이것이 익숙해졌다면 이제 누군가를 대상으로 주제 전달 연습을 해보자. 그렇다고 당장 배우자에게 가서 대뜸 말하거나 즉흥적으로 서로의 불만을 털어놓지 말자. 하고 싶은 이야기를 25개 단어 이내로 정리해서 연습해본 다음 실전에 임하자.

이야기의 본론은 대상을 분명히 하고 목적을 충실히 전하는 데 있다. 잊지 말아야 할 것은 한 문장으로 정리할 수 없는 이야

기라면 한 시간이 주어져도 상대에게 그 의미를 정확하게 전달
할 수 없다는 사실이다.

POSTSCRIPT

오해 없는 목적에 충실한 말하기의 원칙

하나. 말하고자 하는 바를 25개 단어 이내로 미리 정리한다.
둘. 상대의 주의를 환기시켜서 대화에 주목하게 만든다.
셋. 자신의 감정을 솔직하게 표현한다.
넷. 주어와 서술어를 명확히 밝힌다.
다섯. 서로 간의 구체적인 행동을 제시한다.

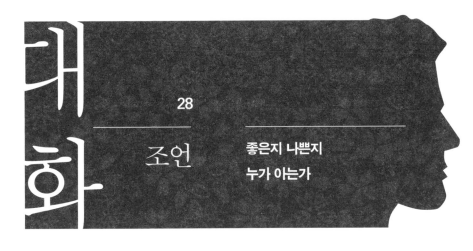

28

조언

좋은지 나쁜지
누가 아는가

이상형에 가까운 그녀를 만나서 설레는 나날을 보내던 'ㄱ'이 어느 날 내게 아쉬움을 토해냈다. "잘되는 것 같더니 아휴…. 난 왜 매번 이러지?"

여러 차례 그의 연애 실패담을 들어왔던지라 모른 척 넘기고 싶었지만 '네가 아니면 누가 들어주겠어'라는 듯 애처로이 나를 바라보기에 외면하지 못하고 물었다. "또 헤어졌어? 이번에는 뭐라 하고 날아갔어?" '날아갔다'는 표현은 맞지 않았지만 '차였다'를 대신할 완곡한 언어가 없었다.

그러자 'ㄱ'이 말했다. "아니, 들어봐. 남동생이 하나 있는데 허구한 날 집에서 게임을 한다는 거야. 그래서 내가 안타까워 조언을 좀 했지."

조언이라는 단어가 신경 쓰였다. 내가 더 물었다. "뭐라고 또

오지랖을 부린 거야?"

"오지랖? 글쎄. 20대 후반이라고 하기에 그 나이에는 술을 마시든 당구를 치든 밖에서 사람들과 어울려야 한다고 했지. 며칠 지나서 그 말이 불편했다고 정색을 하더라고."

헤어진 'ㄱ'의 전 여자친구는 나중에서야 화가 난 이유를 문자로 전해왔다고 했다. 자초지종은 이랬다. 그녀의 동생은 어릴 때 큰 수술을 받은 이후로 집에 있는 시간이 길어졌다. 친구들과 어울려 술을 마실 수도 없을뿐더러 체력도 받쳐주지 않았던 것이다. "우리 가족에 대해 잘 알지도 못하면서 이러쿵저러쿵 말하는 게 거슬렸어요. 오빠가 싫다기보다 그런 부분들이 나하고 맞지 않는 것 같아요."

친구는 좋아하는 여성의 남동생이라 남 일 같지 않았을 것이다. 평소 성정이라면 분명 어줍지 않은 조언을 했다기보다는 자기 동생을 바라보듯 진심이었을 것이다. 더구나 당사자의 앞에서가 아니라 그의 누나를 통해서가 아닌가?

그럼에도 왜 둘 사이의 균열을 가져온 원인으로 작용했을까? 자신을 중심에 둔 대화를 했기 때문이다. 이렇게 자신의 생각이 타인에게 좋은지 나쁜지 알 수 없다.

친구의 말에는 두 가지의 오류가 보인다. 친구는 '게임' 그리고 '집에만'이라는 단어를 부정적으로 해석했고, 여기에 빗대 '술'이나 '당구' 같은 누나의 입장에서 느끼기에 부정적인 단어를 사용했다. 결국 말하고자 하는 바는 '사람들과의 관계를 넓혀갈 나이'였을 텐데 이를 적절한 조언으로 풀어내지 못한 것이다. 그리고 무엇보다 그녀는 조언을 구하지 않았다는 사실이다.

'ㄱ'은 정이 많고 타인의 아픔에 공감을 잘하는 친구인데 좋아하는 여인에게 꼰대로 낙인찍혀 관계마저 멀어졌으니 상심이 이만저만이 아니었다.

하루는 그가 내게 진지하게 물었다. "솔직히 얘기해줘. 내가 상대에게 상처가 될 만한 말들을 많이 한다고 생각해?"

나는 대답하기 쉽지 않았지만 이야기했다. "흠, 네가 물어보니 평소 느낀 대로 이야기해줄게. 그녀에게 상처를 줄 마음은 없겠지만 너의 평소 성향을 보면 조언의 시작을 지적으로 하는 경향이 있어. 여자친구의 동생 얘기를 봐도 그래. 집에서 게임 하는 것이 잘못된 건 아닌데. 우선 그 자체를 문제라고 규정했잖아. 다른 시선에서 보면 사람을 좋아하고 술자리를 즐기는 네가 이해가 안 될지도 모르지. 하나 더, 사람들은 본인보다 가족들 이야기에 더 민감하다는 점을 간과한 것도 아쉬운 부분이야."

혹자는 이렇게 말할 것이다. "다들 말 못 할 가정사가 있는 거지! 그게 왈가왈부할 일인가?" 혹은 "자신이 할 만하니까 그렇게 사는 거겠지." 맞다. 아무리 친구라고 해도 자기가 원하는 대로 살아달라고 말하는 것은 이기심의 발로다. 자기 삶만 자신이 원하는 대로 살면 된다. 서로가 이 명제를 충실히 따르기로 하면 대화도 관계도 생각만큼 어렵게 흐르진 않을 테다.

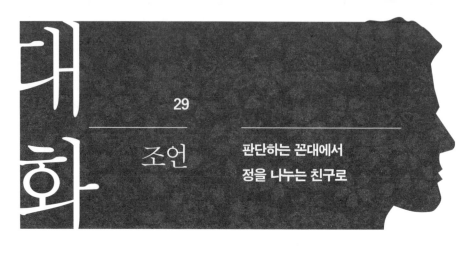

29

조언

판단하는 꼰대에서
정을 나누는 친구로

    그렇다면 대화 속에서 아무리 상대를 위한다고 해도 입을 꾹 다물고 조언 따위는 절대 하지 말아야 하는 걸까? 틀린 말도 아니다. 입을 닫고 혀를 감추면 어디에 있든 몸과 마음은 편할 것이다. 소통에서 불거지는 오해와 다툼은 침묵보다는 우리의 말에서 비롯하는 경우가 대부분이니 말이다. 선의를 가지고 내놓은 말이 타인에게 상처를 남기고 관계를 틀어지게 만든다면 제대로 조언하는 방법을 고민해봐야 한다.

    지적과 충고는 상대 혹은 그의 말이나 행동이 잘못되었다는 것을 전제로 한다. 죄인도 자신을 범죄자라 하면 화를 낸다고 하는데 잘못의 유무를 떠나 타인에게서 자신의 치부를 듣고 싶은 사람은 없다. 설사 적극적으로 조언을 구해왔다고 해도 "내가 보기에는 말이야. 우선 네 생각과 행동에 문제가 있어!"라고 시작했다가는 여자친구를 넘어 부모 자식 사이까지 갈라놓을지 모른다. '문제'라는 표현 하나가 풀기 힘든 난제를 만드는 꼴이 된다.

나는 친구에게 다음과 같은 단계적 방법을 추천했다.

첫째, 상대의 말이 내게 조언을 구하는 것인지를 돌다리 두드리듯 확인하자.

"동생은 주로 집에 있어요. 보면 항상 게임을 하더라고요"라고 했을 때 "아, 게임을 많이 좋아해서 그런가요?" 혹은 "요즘 게임 즐기는 연령층도 다양해졌더라고요"와 같이 일반적인 상황을 먼저 이야기한다. "항상 만나는 친구들만 만나고, 그 친구들도 주로 게임만 하죠. 그렇게 지내는 게 안타까워요"라고 하면 상대의 이야기를 조금 더 이끌어내고 지긋이 들어주자. "누나로서 충분히 그런 생각이 들 것 같아요. 나 같아도 걱정이 되겠는데요. 왜 그렇게 되었을까요?" 상대방이 먼저 아쉬움을 표현했으니 이야기 중간에 당신의 조언을 들려줘도 대화가 오해로 번지지는 않을 것이다.

둘째, 확실한 조언을 구해왔다면 충분한 공감을 표현한 후 개선 방향으로 넘어간다.

방심해서는 안 된다. 자신이 문제라고 인식했다고 해서 타인이 대놓고 "맞아, 그거 참 심각한 문제네" 혹은 "아, 그거 너무 안 좋은데, 절대 못 고치더라고" 등의 부정적 확언을 들으면 반발과 거부감이 드는 것이 인지상정이다. 그렇다고 무조건 "그래 그 말도 맞지"라거나 "다 그렇지 뭐" 등의 영혼 없는 긍정이나 제3자의 이야기를 대하듯 하라는 말이 아니다. 최악은 "와 부럽네요. 나도 집에서 게임만 하며 조용히 살고 싶네요" 등의 빈정거리는 태도다.

자신의 신념에 반한다면 우선 인정한 후에 개선의 여지를 함께 논의해보라. 이렇게 말이다. "스스로 다시 관계 속으로 들어갈 마음의 준비를 위해 움츠려 있는 것일 수도 있어요. 누구나 치유의 동굴이 필요하다고 하잖아요. 다만 사람은 어울려 살아야 하는데 혼자의 시간이 너무 길어지면 곤란해질지 몰라요. 그래서 동생이 어떻게 달라졌으면 좋겠어요?"

셋째, 과거, 현재, 미래로 시점을 옮겨가며 대화를 발전시킨다. 사람은 자신의 경험과 지식을 기반으로 쉽게 판단을 내리곤 한다. 심리학에서는 섣불리 판단하는 것이 이기심이나 시기심과 더불어 악의적인 조장을 일삼는 습관으로 본다. 오래 지낸 사이일수록 상대를 잘 안다고 착각해 새로운 정보를 수집하는 데 게으르거나 거부하는 경향도 짙어진다. 관성과 습관을 극복하는 일은 바른 방법을 의심 없이 따라가 보는 것이다.

먼저, "집에만 있기 시작한 지 꽤 되었나 봐요. 사회생활에서 안 좋은 일을 겪었었나요?"와 같이 지난 시간을 차분히 들여다

보며 대화를 시작하는 것이 좋다. 이후 "제법 긴 시간 동안 은둔 생활을 해온 것 같은데 요즘에도 그래요? 더 심해지거나 아니면 좀 나아졌거나 하지 않고요?"와 같이 근황 정보를 묻는다. 이어서 "어떻게 하면 나아질까요? 내 경험으로 봐서는 새로운 취미를 가지거나 가벼운 운동을 해보면 좋아지더라고요. 새로운 사람들과 접점을 통해 삶에 신선한 활력을 불어넣는 방법이죠"와 같이 발전적 미래를 그리며 마무리하는 것이다.

어린 시절 난 콤플렉스로 가득 찬 소년이었다. 남들에게 무시당할까 봐 용모를 단정히 하려고 애썼다. 그래서 "항상 하얀색 옷을 깨끗하게 차려입고 다니는 거 보면 부잣집 아이인가 봐!"와 같은 오해를 받기 일쑤였다. 그럴수록 타인의 시선과 판단이 내 삶에 영향을 미치는 순간이 더 잦아졌다. 어느새 나는 선생님 말씀을 충실히 따르는 모범생이 되어있었다.

　그런데 그 무렵부터 나를 헐뜯는 소문이 들려오기 시작했다. "그 아이 글쎄 버스 정류장에서 담배를 물고 있더래!" 나는 누군가에게라도 "절대 아니야! 난 그런 사람이 아니라고!"라고 외치고 싶었다.

　이런 내 생각에서 벗어나게 해준 친구가 있었다. 하루는 그 친구가 우리 집에서 같이 밥을 먹자고 졸랐다. 수업이 일찍 끝나는 날이라서 일을 하시는 어머니가 점심 식사하러 오실 시간이었다. 초라한 집을 보여주고 싶지 않았지만 어쩔 수 없었다.

하필 해놓은 밥도 없어서 어머니는 짜장라면을 끓여주었다. 상을 보고 나는 그만 얼굴이 발갛게 달아올랐다. 짜장라면을 끓여본 적 없는 어머니는 국물을 흥건하게 끓여 오신 거다. 그런데도 친구는 당황한 기색 없이 웃으며 씩씩하게 말했다. "어머니, 너무 맛있겠어요. 저도 이렇게 끓여 먹어요!"

나중에 친구에게 물었다. "너희 집에 비하면 우리 집은 초라해서 오라고 하고 싶지 않았어. 그때 짜장라면도 맛없었지? 미안."

그러자 친구가 웃으며 말했다. "아니, 나도 그렇게 끓여 먹는데? 난 네가 좋아서 친구 하는 거지. 집이나 라면은 아무려면 어떠냐!"

우리가 예수와 같은 성인의 삶을 살 필요도 그럴 이유도 없다. 그러나 누군가를 알아가려는 노력보다 판단이 쉬워서 습관적으로 그렇게 한다면 어떨까. 상대를 알아가려는 노력, 그를 사랑하려는 마음이 우리를 불만 가득한 훈수꾼이나 꼰대에서 구원해줄 수 있을 것이다. 이도 저도 귀찮고 게을러서 둘 다 쉽지 않다면 한 가지 방법이 더 있다. 바로 선별적인 침묵이다. 무엇을 선택할지는 당신의 마음에 달렸다. 물론 입을 닫는 것만큼 어려운 일도 없다.

'꼰대스러움'에서 벗어나는 방법

'꼰대'라는 단어는 나이 든 사람을 얕잡아 이르거나 선생님을 낮춰 부르던 은어였다. 현대에는 '꼰대스럽다'라는 형용사에 가까운 의미가 되었다. 자신의 경험이 옳다고 믿고 일반화해 고집스럽게 주장한다는 뜻이다. 문제는 이를 기반으로 남을 판단하고 가르치려 든다는데 있다.

프란치스코 교황은 한 연설에서 말했다. "다른 사람의 고발자가 아니라 변호자가 되십시오. 남을 판단하면 여러분도 판단받을 것이기 때문입니다." 타인의 시선과 판단으로부터 자유로워지고 싶다면 자신이 먼저 상대의 치부를 가려줄 수 있어야 한다.

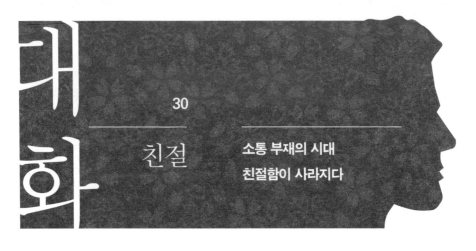

30

친절

**소통 부재의 시대
친절함이 사라지다**

퇴사 후 아이 셋을 낳아서 키우는 후배 'ㅈ'을 오랜만에 만났다. 그녀는 하루가 어떻게 지나는지 모를 만큼 할 일이 태산이라고 하소연했다. 행복한 날들이지만 혈압이 오르고 화가 치미는 소통의 문제들이 가끔 현타(현실 자각 타임)를 불러온다는 내용이었다.

한참을 듣고 나서 내가 물었다. "흠, 그럼 가장 아쉽거나 해결하고 싶은 부분은 뭐야?"

그러자 일말의 주저도 없이 그녀가 한 말은 의외였다. "주변 사람들이 좀 친절했으면 좋겠어요. 익숙하고 가깝다고 가족이나 친구가 오히려 더 불친절하게 구는 걸 요사이 많이 느끼거든요. 나는 그들에게 항상 친절한데 말이죠."

나는 좀 더 궁금해져서 다시 물었다. "어떤 면에서 그렇게 느끼는지 구체적으로 말해줄래?"

남편 : "여보! 내 양말?"

부인 : 거기 있잖아요!

남편 : 거기가 어디예요?

부인 : TV 진열장에요.

남편 : TV 진열장? 없는데?

아들 : 엄마, 내 교복 셔츠는?

엄마 : 셔츠? 네 방에 뒀잖아!

아들 : 방에 어디? 없어요!

엄마 : 네 옷장 서랍에 있다니까!

대화는 늘 이런 식으로 반복된다고 했다. 결국은 설거지하던 손을 닦고 직접 찾아서 손에 쥐어준 후에야 전쟁 같은 아침 시간이 지나갈 테다. 흔한 가정집 아침 풍경이다. 당연히 부인이자 엄마인 그녀의 잘못이 아니다. 문제는 그들의 대화와 소통 방식에 있다.

'불친절한 사람들'이라는 모호하고 추상적인 표현은 면접 스피치를 강의하며 내가 자주 쓰는 단어다. 이 표현을 쉽게 풀어 보면 '나에게 우호적이지 않은 사람들 혹은 언어들'이 된다. 나에게 호감이 있는지, 그렇지 않은지는 면접에서 절대적으로 작용할 수 있다. 당락과 순위가 정해지지 않는 일상의 대화에서도 상대 의견을 무력화시키려는 이들이 제법 많다. 사람들은 '내 말이 맞아' 하는 기본적인 설정을 품고 대화에 임한다. 아무리 대화가 상대를 설득하는 과정이라고 해도 그 힘의 균형과 방법이 마치 면접처럼 한쪽으로 기울어져 있다면 문제가 된다.

'친절'이라는 단어는 사전적 정의처럼 '정겹고 고분고분한 태도'를 칭하는 게 아니다. 친절은 태도와 말 모두를 성실히 전함을 가리킨다.

불친절한 이들을 상대로 우리가 친절하게 말해야 할 이유는 분명하다. 마케팅이라면 고객들의 마음을 얻기 위해서고, 면접이라면 면접관에게 좋은 점수를 받아 합격하는 것이다. 그러기 위해선 나에게 우호적이지 않은 불친절한 그들에게 대화의 주도권을 일방적으로 내주면 안 된다. 자기 생각이나 판단에 집중해 당신의 부정적인 정보에 반응하고 보수적인 태도를 먼저 형성하기 때문이다.

공무원에 임용된 후 재교육을 위해 입소한 연수원으로 강연을 갔다. 내가 신입사원으로 지내며 느낀 점들을 물었다. "2년 동안 많은 일들이 있었죠? 상사들이나 민원인들과의 소통에서 가장 힘든 점은 뭐였나요?" 뭔가 할 말이 있는 듯 주뼛거리는 여성을 지목해 마이크를 넘겼다.

그녀가 대답했다. "음, 업무를 지시할 때 정확하게 얘기를 안 하시는 선배나 본인이 원하는 민원을 친절하게 말하지 않는 민원인들이 제일 힘들더라고요. 이해가 안 돼 몇 번을 다시 물으면 짜증을 내며 '왜 그렇게 말귀를 못 알아들어요?' 하고, 알아서 처리하면 '내가 말한 건 이게 아니잖아요!'라며 타박하는 거예요."

내가 어떤 상황이었는지 모두가 이해하도록 예를 들어달라고 했다.

그러자 그녀가 계속 말했다. "계장님이 한 분 계신데 유독 말수가 적으세요. 그러다 보니 업무지시도 단어를 툭 던지시는 정도예요. 예를 들면, '민원 접수 대장이요'라거나 '공금 사용 장부 좀' 같이요. 그런데 민원 접수 대장은 매월 단위 그리고 매년 장부가 있거든요. 어쩔 수 없이 제가 물을 수밖에 없어요. '네? 언제 거 말씀이신가요?' 그러면 이렇게 답이 돌아오죠. '대략 지난해 상반기?' 그래서 제가 3월을 가져다드리면 7월을 찾으시니 일을 두세 번 하게 되죠."

같은 상황을 두고 하는 말도 방식이나 표현에 따라 의미는 변질된다. 이를 해결하기 위해 염두에 둘 부분은 말의 '정확도'와 '선명도'다. 앞서 연수원생의 사례를 보자. 상사의 업무지시에서 부족한 면은 정확도다. 본인이야 수십 년 익숙한 업무니 쉽게 말할 수 있다. 신입사원이라면 도무지 그 장부가 어디에 있는지도 헷갈릴 것이다. 그럼 이렇게 말해주었어야 한다.

"김 대리, 지난해 2월 민원인 장부가 필요해요. 지하창고 입구에서 제일 오른쪽 선반에 있을 겁니다."

어떤가? 아마 당신도 바로 가서 찾을 수 있을 것이다.

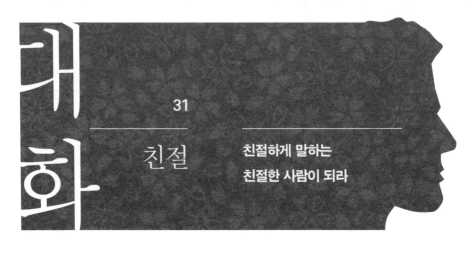

31

친절

**친절하게 말하는
친절한 사람이 되라**

나이가 들고 관계의 범위가 넓어질수록 우리는 더 많은 불친절을 만나게 된다. 마치 매 순간 면접관을 마주한 지원자가 된 상황이랄까. 반면 친절을 가장한 말과 행동을 하는 이들도 넘쳐난다. 난 그 노력을 높게 사는 편이다. 어찌 되었든 자신의 에너지를 타인에게 나누는 이들이 아닌가?

어느 강연에선가 내게 이렇게 물었다. "친절한 사람과 친절하게 말하는 사람이 다를 수 있나요?" 이렇게 생각해보자. '친절한 행동'도 '배려'다. 배려에 대해서는 따로 이야기했지만 몸에 밴 습관과 같다. 배려의 행동과 마찬가지로 친절한 행동도 큰 의미를 품었거나 깊은 사려가 반영되지 않는 경우도 있다는 의미다. 반대로 불친절에도 상대의 의도가 담겼다고 단정할 수 없다.

> 친절은 온갖 모순을 해결하면서 생활을 장식한다.
> 얽힌 것을 풀어주고 난해한 것을 수월하게 해주며
> 암울한 것을 환희로 바꾸어놓는다.
>
> _ **필립 체스터필드**(정치가)

체스터필드의 말처럼 서로 이해 못 할 모순을 해결하고 난해한 관계를 풀어내며 현실을 환하게 비춰줄 수 있으려면 '친절한 말'이 '친절한 행동'과 일치해야 한다. 진정한 친절의 핵심은 언행일치에 있다. 친절한 사람은 관계에서 좋은 사람으로 비춰질지 몰라도 꼬이고 얽힌 상황 자체를 해결하기에는 부족하다. 소통은 일종의 기술이기에 개인차가 존재한다. 그래서 알아야 하고, 훈련해야 한다. 이를 통해 실천해야 한다.

신문지 한 장을 놓고 가능한 한 많은 사람이 올라서는 게임을 아는가? 신문에서 한 사람의 발이라도 벗어나거나 쓰러지면 게임에서 지게 된다. 최대한 많은 사람이 신문지 위에 올라서려면 결국 각각의 손을 맞잡고 서로를 부둥켜안아야 한다.

이렇듯 진정한 공존은 서로가 서로를 당겨야 가능하다. 내가 하는 말과 상대가 이해하는 말이 같은 발판 위에 놓여야 한다. 상대가 올라설 수 있도록 손을 잡아줘야 한다. 친절한 사람도 친절하게 말하는 법을 알아야 하는 이유다.

내 책 '좋은 사람이 좋은 말을 한다'라는 책 제목에 대해 이렇게 이야기해준 독자가 있었다. "좋은 말을 하면 좋은 사람이 될 수도 있겠다고 생각했어요." 맞는 말이다. 좋은 사람은 나쁜 말을 하지 않는다. 나쁜 생각을 가진 이를 좋은 사람이라고 칭하지는 않는다. 나쁜 말은 나쁜 생각에서 나온다. 그러므로 좋은 말을 하는 사람은 좋은 사람일 개연성이 높다. 물론 친절한 사람의 말이라고 다 친절하진 않다. 같은 맥락에서 친절한 사람이 친절한 말을 하면 금상첨화지 않을까? 슬슬 이런 의문이 떠오를 것이다. "아, 정말 그래서 친절하게 말하는 것은 과연 어떻게 말하라는 거야?"

'친절한 말'에는 다음 다섯 가지 원칙이 담겨있어야 한다.

첫째, 당신에 대한 주목과 관심을 이끌어내라.

앞서 모 제강회사 신입 영업사원의 자기소개 스피치를 기억하는가? 영업직군이 상대하는 고객들은 긴 시간 동안 대화를 나눌 수 없는 상황인 경우가 많다. 영업사원을 대하는 고객들의 태도는 대부분 보수적이며 일종의 경계심도 가지고 있다. 겉으로는 몰라도 속으로는 불친절하다. 이를 첫인상에서 바로 무너트릴 수 있어야 한다.

"저희 회사의 철근이 저렴하다고는 말할 수 없습니다. 그러나 어느 회사보다 더 빠르게 원하는 만큼의 철근을 공급해드리겠습니다." 어떤가? 공사 기일을 맞추지 못하면 건설비가 증가하는 현장의 애로사항이 결국 주목과 관심을 이끌어내지 않겠는가.

둘째, 무엇을 답해주길 원하는지 빠르게 파악하고 질문에 명확한 의견을 제시하라.

마케팅 시장에서는 소위 2위 전략이라는 것이 있다. 한 라면 광고의 모델이 한 말을 기억하는가? "사실 우리나라에서 제일 많이 팔리는 라면은 아닙니다. 하지만 아니면 어떻습니까? 아우, 이렇게 맛있는데! 언젠가는 1등 하지 않겠습니까?"

철강회사 신입사원과 라면회사의 광고에는 '친절하게 말하라'의 두 번째 원칙도 포함되어 있다. 철근을 원하는 건설사에 필요한 것은 제 시간을 맞춰줄 신뢰였다. 무엇을 원하는지 빠르게 파악하고 명확한 의견을 제시한 좋은 예다.

셋째, 당신의 의견이나 제안을 받아들이는 것이 서로에게 이익임을 느끼게 하라.

몇 년 전 유난히 매서운 추위가 사람들을 움츠러들게 할 때였다. 지하철 환승을 위해 에스컬레이터를 향해 가고 있는데, 바로 옆에 작은 좌판이 있었다. 건장한 남성이 그 위에 올라서 이렇게 외치는 게 아닌가. "거기 까만 외투를 입은 예쁜 숙녀분!" 뭔가 달랐다. 난 검은 외투를 입지도 않고 숙녀가 아닌데도 자연스럽게 눈길이 갔다. 겨울이니 행인들 중 검정 외투를 입은 이들이 절반은 되지 않았을까? 그중 정말 검은 외투의 여성과 눈이 마주치자 이렇게 말을 이어갔다. "고객님, 지금 목도리와 장갑 세트를 만 원에 드려요. 와서 일단 골라 보세요." 그러자 행인이 다가와서 물건을 살핀다. 그때 마지막 카운터펀치가 날아간다. "고객님이 너무 고우시기도 하고, 저도 빨리 팔고 들어가고 싶거든요. 제가 모자는 덤으로 드릴게요." 무작위의 행인이 내 물건을 사주는 고객님이 되는 순간이다.

넷째, 문장도 표현도 되도록 간결하게 정리하되 내용은 충실히 하라.
언어의 경제성은 단순히 적은 단어의 사용을 의미하지 않는다. 오해 없는 의사소통을 위해서는 표현에 있어 경제성과 정확성을 모두 담을 수 있어야 한다. 이를 '간결함'이라는 단어로 칭하겠다. 25개 단어로 말하는 훈련이 바로 이를 위함이다.

다섯째, 말의 톤을 다듬어라.
오해를 살 여지가 있는 표현, 무심히 던진 불친절한 언어들이 예상치 못한 불행으로 이어지기도 하는 시대다. 거친 어조와 말투가 가족의 마음에 서운함을 남긴다. 층간소음으로 갈등을 겪는 이웃에게 극단의 언어를 사용했다 살인사건의 희생자가 된 사람도 많다. 현명하지 못한 이별의 말이 범죄로 이어지는가 하면, 차가운 말들이 친구 사이를 다시 보고 싶지 않은 견원지간(犬猿之間)으로 만들기도 한다.
　상황을 떠나 친절한 말을 하는 습관을 들이면 당신은 진정 친절한 사람이 된다. 정확한 소통만큼 세상과 인간을 편하게 하는 도구도 없다는 것을 기억하자.

이렇게 묻는 사람이 있을 수도 있다. "내게 불친절한 사람의 마음을 헤아리려고 노력하고 그에 맞는 언어를 써야 하는 이유는 무엇인가요?"

나 자신을 위하는 길이기 때문이다. 세상에는 수많은 유형의 사람들이 존재한다. 어떤 이는 내 마음처럼 통하기도 하고, 어떤 이는 정말 결이 다르다. 이해관계가 얽히거나 조직 논리에서 충돌하면 나에게 칼을 겨누는 이도 등장한다.

하지만 그들 모두도 스스로는 존중받아 마땅한 하나의 인격체라고 생각한다. 나에게 무례한 사람들에게 똑같이 무례하게 군다면 어떻게 될까? 남이라면 안 보면 되지만 공존이 필요한 관계라면 바꿔야 한다.

이렇게 말하는 사람이 있을 수도 있다. "난 원래 말은 무뚝뚝하고 행동은 투박하지만 마음은 그렇지 않아." 혹은 "말하는 스타일이 그래서 그렇지 본성은 친절한 사람이라니까"와 같이 말하는 사람.

사랑한다고 말하지 않으면 사랑하는지 모른다. 사랑하는 마음을 명확히 행동으로 전하지 않으면 상대는 체감하지 못한다. 친절함도 친절한 말도 마찬가지다. 원래 어떤 성격의 사람이든 친절은 모두에게 잘 어울리고, 친절한 말은 모두에게 잘 통한다.

앞선 후배 'ㅈ'의 가족이 아침마다 벌이는 실랑이가 피하지 못할 진
빼는 일과라면 서로 이렇게 표현해 보면 어떨까? 친절한 말의 다섯
가지 원칙을 염두에 두고 말이다.

남편 : 여보! 내 양말 어디에 있어요?

부인 : 안방 TV 진열장 맨 오른쪽 서랍에 넣어 뒀어요.

아들 : 엄마, 주말에 세탁한 내 교복 셔츠는요?

엄마 : 네 옷장 제일 아래 서랍에 이름표와 같이 챙겨 뒀어. 그리고 이
제 자기 물건은 스스로 챙깁시다! 그러면 서로 시간도 절약하고 엄마
도 덜 힘들지 않겠어?

적
격

4장

서로의
벽을 낮추는
상호성의 격률

適格

一

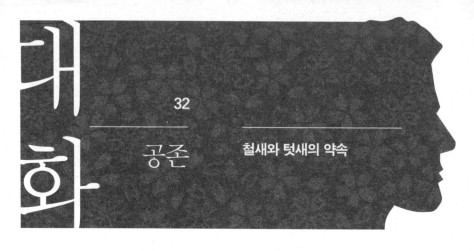

"**새**　로운 무리에 들기 위해선 혹독한 신고식을 치러야 합니다."

세렝게티의 야생 생태계를 전하는 여배우의 내레이션이 사뭇 비장하다. 대자연을 담은 다큐멘터리를 보며 명절 연휴를 마무리하고 있는데 타 방송국 후배에게서 전화가 왔다.

"선배도 알죠? 우리 회사 이번에 무려 10년 만에 신입사원 뽑았잖아요." 그녀의 억양과 어조가 심상치 않았다.

"알지. 한창 좋을 때 아니야?"

그녀는 크고 작은 갈등을 장마철 폭포처럼 쏟아내기 시작했다. "좋긴요. 아주 그 아이들 때문에 골치가 아파요. 있잖아요. 어떤 줄 아세요?"

새로운 관계에 대한 기대로 들뜬 허니문의 시간은 길지 않았다.

다큐에선 무리에서 떨어져 나온 어린 표범의 친구 찾기 고군분투가 그려졌다. 떠돌이 생활을 청산하고 새로운 무리의 우두머리에 도전장을 던진 하마도 나왔다. 최상위 포식자들에게도 새 가족을 찾는 과정은 처절했다. 유혈이 낭자하는 목숨을 건 결투에서 승리해야만 방랑자의 삶을 마칠 수 있었다. 흔히 말하는 '텃새'가 부리는 '텃세' 때문이다.

텃새. 계절에 따라 지역이나 나라를 이동하지 않고 일생을 머무르는 새를 말한다. 사회에서는 조직의 기존 구성원들이 텃새인 셈이다.

텃새의 반대말은 철새다. 시기에 따라 왔다가 사라진다. 원래 있던 텃새와 새롭게 왔다가 갈 철새가 종종 부딪히곤 한다.

철새와 벌이는 텃새들의 갈등은 회사에서도 흔한 풍경이다. 친구들을 만나면 신입사원들에 대한 이야기가 많다. 나름의 일관된 분석이 있는데 지금의 세대는 그 어느 세대보다 '자존감'의 중요성을 강하게 주입받은 세대라는 점이다.

하지만 사회는 그 자존감을 충족시켜줄 여건이 되지 못한다. 어렵게 직장을 잡았지만 조직에서는 이렇게 몰아세운다. "좋은 대학을 나오면 뭐 해. 간단한 업무도 처리 못 하는데." 당장 수 년에서 수십 년 일한 자신들만큼 못한다는 타박이 돌아오기 일쑤다. 물가는 높고 월급은 흡족하지 못하다. 결국 첫 직장에서 1년을 견디지 못한다. 말 그대로 철새의 삶이 시작된다. 그들이

언급하는 이유 중 하나는 관계의 문제다. 다른 하나는 비전의
부재다.

> **사람들은 약속을 지키지 않는 것이**
> **나와 너, 양자 모두에게 유리할 때 비로소 약속을 지킨다.**
>
> _ **솔론**(아테네 정치가)

정치가이자 시인이었던 솔론은 약속을 대하는 사람들의 심
리를 정확하게 꼬집었다. 약속이 이루어지기 위해선 결국 그것
이 서로에게 유익한 것이어야 한다. 기존 구성원들은 그들이 함
께한 시간과 공간 그리고 그 안에 형성된 문화를 통해 공유된
일종의 약속이 있다. 그렇게 살아왔더니 서로 편했기에 암묵적
동의를 통해 맺어진 것이리라. 이는 마치 언어와 같으며 기표와
기의로 이루어진 기호학과도 같다.

예를 들어, 초여름 붉게 핀 장미를 보고 우리는 모두 '장미'라
고 한다. 그런데 어느 날 'Rose'라 부르는 새로운 구성원이 합류
했다. 대상은 같으나 다르게 부른다. 언어는 기본적으로 그것을
공유하는 집단의 약속인 셈이다. 그럼에도 한쪽은 '장미'라고,
다른 쪽은 'Rose'라 부르기를 고집한다면 열차의 선로처럼 평
행선을 달릴 뿐이다.

조화의 힌트는 여기에 있다. 앞선 이, 그러니까 텃새일 수도
있는 선배들은 자신의 언어를 강요하지 말아야 한다. 따르는

이, 철새일지도 모를 신입사원들은 선배들의 언어를 존중해주어야 한다. 그렇게 서로 간의 새로운 약속을 구성해 가는 것, 여기에 필요한 것은 시간 그리고 상호 간의 존중이다.

후생가외(後生可畏)라는 말이 있다. 젊은이는 그 가능성만으로도 존중받을 만하다는 뜻이다. 반대로 젊은이는 윗세대의 지혜를 존경해야 한다. 물론 세대 간 갈등은 하루아침에 해결될 문제는 아니다. 그럼에도 노력해야 할 이유는 조화 없이는 단절과 방황의 공전만이 반복되기 때문이다.

극심한 온난화로 수많은 철새들이 텃새의 삶을 선택한다는 기사를 봤다. 기꺼이 새 가족을 맞기로 한 것이다. 기상이변이 빚은 안타까운 상황이지만 동물이 가능하다면 인간이 못 할 이유가 없다. 보통 우리는 관계에서 문제가 생겼을 때 귀인attribution을 하고 싶어 한다. 귀인이란 원인을 나 이외의 외부에서 찾는 걸 말한다. "난 이미 바쁜데, 선배가 무리한 업무를 시켰어" 혹은 "할 일이 더 많은데, 자기 생각해서 줄여줬건만 그것도 제대로 못 하잖아" 등이다.

앞으로는 이렇게 생각해보면 어떨까? '우리는 왜 일을 하는가? 나는 후배와 어떤 사이가 되고 싶은가? 내가 선배에게 존중받으려면 어떻게 해야 하는가?'라고 스스로에게 질문을 던져보는 것이다.

존경받는 선배가 되고 싶은가? 사랑받는 후배가 되고 싶은

가? 그럼 시시콜콜 따질 필요 없다. 우리가 부모에게 혹은 자식들에게 그러지 않듯 또한 사랑하는 연인에게 따지고 들어봐야 후회만 돌아오듯 말이다. 피가 섞인 가족도 아닌데 그럴 필요 없다고 생각하는가? 철새와 텃새가 모두 새겨들어야 할 말이 있다. 커뮤니케이션 전문가 샘 혼은 이렇게 말했다. "당신이 옳다는 마음을 넘어서라."

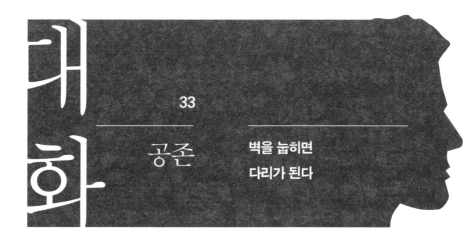

공존

**벽을 눕히면
다리가 된다**

10년 만에 들어온 신입사원으로 골머리를 앓던 후배에게 앞선 조언을 하고 몇 달 뒤 그 후배와 다시 통화했다. "선배, 그때 얘기한 신입사원 기억해요?"라고 하기에 "그럼. 그 친구 적응해서 잘 지내지?" 하고 물었다.

그러자 그녀가 답했다. "일은 곧 잘해요. 그런데 서로 소통이 잘 안 돼요. 게다가 가끔 고문관 노릇까지 해요."

고문관이라는 단어를 이렇게 듣게 될 줄 몰랐다. 나 역시 군에서 처음 알게 된 의미였다. 아마도 위계가 형성된 조직사회의 극단적 단면을 보여주는 곳이 예전의 군대가 아니었나 싶다.

다소 늦은 나이에 간 군에서 이등병 시절 어린 고참병에게 모멸감이 느껴지는 말들을 많이 들었지만 막상 내가 고참병이 되고 보니 한참 나이 차이 나는 후임 병사들이 동생 같아 뭐든 함께 할 수밖에 없었다. 좋은 선임이 되고 싶었던 것이리라.

사람 일이 내 마음 같지 않다고 간혹 편하게 대하는 것이 조직사회에선 독이 되는 경우가 종종 있는데 그날이 그랬다. 다들 설거지며 청소로 바쁜 때 짬도 안 되는 그 녀석만 내무반에서 기구 운동을 하고 있으니 어처구니가 없었다.

복무 부대는 유독 전국 팔도의 청년들이 모여 다양한 보직을 수행했다. 'ㅂ'은 이등병으로 자대 배치를 받은 첫날부터 느릿느릿한 동작에 상황에 맞지 않는 행동하며 영 마음에 들지 않았다. 상병이었던 한 후임병도 나와 비슷하게 느꼈던 모양이다. "고문관이 한 분 오셨네!" 하지만 그 녀석은 사실 고문관이 될 정도로 어수룩하지 않았다. 순하고 점잖은 구석이 있었을 뿐 이해도가 떨어지지도 않았다.

문제는 팔도에서 모인 다른 전우들에 있었다. 위계가 분명한 군에서 친절하게 설명하는 사람이 있을 리 없었다. 일방적으로 상대에게 발사된 언어들은 소통과는 애당초 거리가 멀었던 셈이다. 피드백이 있을 리 만무했고 많은 청년들이 그런 상황을 부조리하다고 느꼈을 것이다. 나 역시 마찬가지였을 텐데, 어느새 늘어난 짬밥 그릇 수만큼 희미해졌던 걸까. 친절하지 못하게 그저 던져지는 말들은 제대하고 사회에 나와서도 피해 갈 방도가 없었다.

하지만 모두가 조금 더 현명했더라면 그 친구가 고문관이라는 오명을 쓰고 겉도는 일을 막을 수 있지 않았을까. 이후 사회생활에서 비슷한 상황을 반복하며 난 원칙을 가지게 되었다. '오해 없이 대화를 시작하는 세 가지 규칙'이다.

첫째, 상대의 말이 틀렸다는 전제로 대화를 시작하지 마라.
인간의 자기중심성은 나이가 들어서도 마음속 깊이 내재 되어 있다. 이는 곧 내가 하는 말을 나의 정체성과 동일시한다는 뜻이다. 그렇기에 상대의 말을 부정하고 시작하는 대화는 벽을 세우는 것과 다름없다. 이는 위계가 설정된 관계에서 더 극대화된다. 윗사람은 자기 말이 답이라고 고집할 가능성이 크고, 아랫사람은 의견이 부정되었을 때 자존감에 상처를 받을 수도 있다.

예를 들면 이렇다. 후배가 말한다. "팀장님, 지난 협력사 건에 대해서는 저희 쪽 손해가 너무 커서 재고해보는 게 어떨까 합니다."

이에 상사가 말한다. "뭐라고? 그게 얼마나 큰 건인데 김 대리가 결정해. 제정신이에요?"

어떤가? 정도의 차이는 있어도 흔한 대화다. 이렇게 말하면 어떨까? "김 대리가 무슨 말 하는지는 알겠어. 그래도 우리 회사 입장에선 제법 큰 건이라 손해를 최소화할 방안을 우선 찾아보고 얘기하죠."

둘째, 평소 말의 속도와 억양, 그리고 말투를 유지하라.
우리 말은 언어적 측면과 비언어적 측면으로 나눠 볼 수 있다.

언어적 측면은 무슨 말을 하고 있느냐의 내용적 요소다. 비언어적 측면은 외모가 주는 인상, 그리고 말의 억양이나 속도, 목소리가 좋고 나쁨, 방언의 사용 유무 등 유사언어로 구성된다. 여기서 이야기할 부분은 유사언어다. 사람들은 흥분하면 말이 빨라지고 억양이 강해지기 마련이다. 말의 음 자체가 올라가는 것이다. 이내 자신이 감정적이라는 걸 들키고 만다. 협상에서는 말할 것도 없고 일상 대화에서도 치명적 약점이다. "침착해!"라는 말에 담긴 의미다. 말의 속도와 억양 그리고 깊고 고른 호흡은 감정적 동요가 있을 때 더 신경 써야 한다.

셋째, 사실에 앞서 먼저 관계에 초점을 맞춰라.

'지하철 작업기'라고 회자 되는 이야기가 있다. 지하철에서 한 남학생이 옆에 앉은 여학생의 무릎 위에 법전을 올려 두고 내린다. 남학생은 왜 그랬을까? 그 여학생이 마음에 들어서일 테다. 법전 앞 페이지에는 남학생의 이름과 전화번호가 적혀있었다. 이후 어떻게 되었을지는 여러분의 상상에 맡기겠다.

확실한 것은 두 사람 사이에 새로운 관계가 형성되었다는 점이다. 법전을 돌려주고 돌려받아야 하는 관계 말이다. 모 광고처럼 "저 이번 역에 내려요"라고 하는 작업기는 현실에서는 이루기 힘든 판타지다. 여성은 이렇게 생각할 확률이 크다. "뭐래? 우리가 언제 봤다고."

처음 보는 사이만 그런 게 아니다. 일상에서 우리는 성별과 상관없이 이런 말을 자주 하곤 한다. "어쩜 우리 사이에 그런 말을 할 수 있어?" 혹은 "팀장님은 어떻게 그래. 내가 그간 어떻게 대해드렸는데, 서운하게"처럼. 일방적인 '사실'만을 전달하는 데 집중한 대화가 빚은 부정적 결과다. 소통의 시작부터 끝까지 결국은 관계다.

호르무즈 섬의 지리적, 정치적 상황으로 이란과 미국의 갈등이 극에 달한 적이 있다. 전쟁의 위기감이 지역민들의 삶을 위협할 때 앞을 보지 못하는 한 노인만이 평소와 다름없이 빵을 구워 일상을 이어간다. 오히려 자신이 살아온 호르무즈 섬의 자연에 더 집중하며 말이다. 영화 〈공존〉 속 주인공은 국가 간 이익을 둘러싼 갈등과 전쟁의 위협이 결코 삶의 근간을 흔들어선 안 됨을 아름다운 풍광을 배경으로 보여준다.

　호르무즈 섬은 다양한 언어와 문화가 공존하는 곳이다. 사투리를 구사하는 사람들의 대화는 항상 즐겁다. 산유국들의 원유 수송로이자 아름다운 경치로 전 세계 사람들을 매료시키는 휴양지가 있는 호르무즈 해협. 길게 뻗은 그 길을 따라 세상을 돌게 하는 석유가 오가고 아름다운 자연을 감상하기 위해 전 세계 사람이 오간다. 길이 막히면 전쟁의 위협이, 해협이 열리면 휴양지의 로망이 살아나는 곳. 어쩌면 공존은 서로를 향해 벽을 세우느냐, 서로를 잇는 다리를 놓느냐의 명쾌한 선택에 달려있는지도 모른다.

"신입사원을 철새로 만드는 것은 신임병사를 고문관으로 만드는 태도와 다를 바 없다."

고문관. 전형적인 군대 은어다. 미국 군정 시대 파견 나온 미군 고문관들이 한국말을 몰라 헤매던 모습에서 유래했다. 이후 어수룩하게 행동하는 사람을 놀림조로 이르는 말이 되었다. 군에서는 보통 상대의 말을 잘 못 알아듣고 시키는 일을 제대로 해내지 못하는 병사를 지칭했다. 익숙함은 특권이 아니다. 우월함을 내세우며 낯선 이를 몰아붙이는 태도는 자신의 영역을 지키려는 텃세에 불과하다.

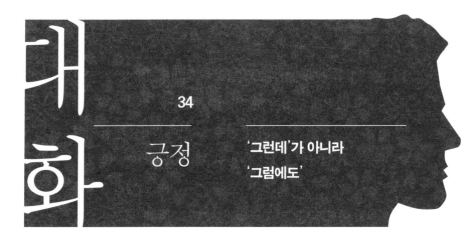

어린 시절 내 좌우명은 지극히 현실적이었다. '침 뱉지 말자. 욕하지 말자. 한숨 쉬지 말자.' 꿈을 꾸려면 잠들어야 하듯 꿈을 향해 가기 위해선 나를 둘러싼 부정적인 상황을 잠재워야 했기 때문이다. 나도 모르게 힘들 때마다 중얼거리던 짧은 세 가지 행동 지침이 오늘의 내 삶을 만들었을 것이다. 그래도 아쉬움이 남는다. 내 좌우명을 이렇게 세워서 항상 외쳤더라면 어땠을까.

"좋은 말만 하자! 항상 청결히 하자! 힘들 때는 웃자!"

자기 의견이 부정당하면 왜 기분이 나쁘다고 했는지 기억나는가? 진심 어린 말과 소리에는 당신의 영혼이 담겼기 때문이

175

다. 이는 당신의 정체성과도 긴밀히 연결되어 있다. 말을 끊고 들어와서 "그런데 당신이 하는 말은 틀렸어요. 항상 그렇지만 쓸 만한 생각이 없다는 말이지" 혹은 "그런데 일하는 방식 자체가 마음에 안 들어! 늘 그런 식이라니까"라고 한다면 어떻겠는가? "에이, 싸우자는 것도 아니고 평소 저 정도로 심하게 말하는 사람이 어디 있어?"라고 중얼거렸는가? 아니다. 당신은 오늘 아침에도 누군가에게 그런 생각으로 말을 했을지 모른다. 심지어 당신이 사랑하는 사람들에게조차 말이다. "내가? 무슨 말이야. 난 그런 사람이 아니야! 나에 대해 얼마나 안다고 그렇게 말해!" '욱'해서 소리쳤는가? 내가 섣불리 당신을 부정했기 때문이다.

> 콩떡같이 말해도 찰떡같이 알아듣는 건 바라지도 않아.
> 그러니까 여기 있는 동안만큼은
> 장님이 문고리 잡듯 더듬거리는 척이라도 하란 말이야!
> _ 영화 〈인턴〉 중에서

팀장이 되고 나서 팀원으로 일할 때와 확연히 달라진 것이 하나 있었다. 주로 부탁을 하는 입장에서 부탁을 받는 입장이 됐다는 점이다. "팀장님, 저 이번 주 금요일에 휴가 써도 될까요?" 또는 "팀장님, 내일 저녁에 가족 모임이 있는데 제 업무 대행해 줄 팀원이 있을까요?"와 같은 어찌 보면 사소한 것들이다.

나 스스로에게 놀란 점은 우선 무엇인가를 해달라는 말을 듣는 순간 이런 생각이 들었다는 것이다. '그런데 어제도 일찍 퇴근하지 않았어?'라거나 '그런데 일은 다 끝내고 쉬어야 하는 거 아니야?'라는 식이다.

드라마 속 과장된 장면들은 대부분 현실에서 그대로 목격된다. "라떼는 말이야!"를 외치고 싶지 않지만 더 심한 말들이 난무하던 시절도 있었고, 여전히 어느 집단에서는 그럴 것이다. 영화 〈인턴〉 속 앤 해서웨이와 같은 미녀 사장의 입에서 나왔다 해도 참지 못할 말들이다. "네가 뭔데 나서서 그 일을 한다는 거야?", "뭐 한 게 있다고 휴가라는 단어를 입에 올려?", "이래서 젊은 직원들하고는 회식도 하지 말아야 한다니까!"

내 생각과 반하는 상황에 어떤 자세를 가져야 할까? 요구나 부탁 혹은 의견에 대한 거절이 상대를 거절하는 것으로, 그의 정체성을 부정하는 것으로 비치지 않으려면 어떻게 해야 할까? 우선 내 생각과 태도부터 긍정적으로 바꿔야 한다. '그럼에도 우리는 공존해야 하는 친구, 동료, 가족이야!'와 같이 말이다.

다음으로 상대를 먼저 인정하고 자신의 의견을 덧붙여야 한다. 이건 어떤가? "자네 의견은 충분히 일리가 있어. 그래도 자네 요구만 들어줄 수 없는 걸 이해해줘"라거나 "네가 쉬고 싶을 때 쓰라고 있는 게 휴가는 맞아. 그래도 업무를 대신할 동료 상황도 먼저 물어봐야 하겠지?" 선뜻 나오지 않을 말들인가? 그럼 장님이 문고리 잡듯 시늉부터 출발해보자.

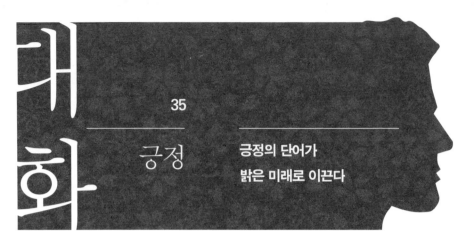

35

긍정

**긍정의 단어가
밝은 미래로 이끈다**

하루는 출근길 버스에 오르며 기사님에게 "안녕하세요"라고 인사를 하자 그가 대뜸 물었다. "그런데 손은 왜 들고 있었어요?" 순간 무안하면서도 억울하다는 생각이 들었다.

"가만히 서있으면 그냥 지나가는 버스도 있어서죠!"

낮시간 하차 승객이 없는 버스의 경우 기사에 따라 그냥 지나칠 때가 종종 있다. 놓치면 10분을 기다려야 하기에 타겠다는 의지를 적극적으로 보였는데 기사님은 그게 이상하게 보였던 모양이다.

이처럼 내가 당연하다고 생각하는 말과 행동도 누군가는 이해하지 못하는 경우가 있다. 몸이 다르니 소리가 다르고, 마음이 다르니 말이 다르다고 하지 않았는가. 그렇기에 상대의 의견을 먼저 부정하고 대화를 시작하는 건 어리석은 행동일 뿐이다.

한 회사의 면접관으로 참여했을 때였다. 건장한 청년이 자신만만하게 자기소개를 했다. "사실 전 건강하고 힘센 아이는 아니었습니다. 왜소한 체격에 소심한 성격이었죠. 그런데 우연히 운동을 시작해 체력을 키웠고, 고등학생 때 싸움으로 '짱'이 되기도 했습니다. 제 노력으로 이뤄낸 첫 성과였죠."

내 귀를 의심했다. 충분히 무슨 말을 하려는지 의도는 알 수 있었다. 자신의 힘으로 무엇인가를 성취한 첫 기억이었을지도 모른다. 청년은 결국 그 회사와 인연을 맺지 못했다.

다른 이들이 어떤 항목에 어떤 평가를 내렸는지 모르기에 단정하지는 않겠다. 그러나 궁금했다. 과연 한두 마디의 부정적 언어가 누군가의 첫인상과 중요한 결정에 큰 영향을 미치는가에 대해 말이다. 이를 검증해보고자 석사논문을 통해 한 가지 실험을 진행했다. 네 사람의 취업지원자를 섭외하고 이들에게 각 두 개의 답변을 미리 숙지시켰다. 면접 상황으로 연출해 영상으로 촬영하고 서로 다른 청중 집단에게 보여준 후 설문을 실시했다. 질문은 '지원한 동기와 어려움을 극복한 기억'이었다. 답변은 긍정형의 표현과 부정적 인식의 단어를 극명하게 배치했다.

두 실험자 간에는 신체적 매력의 차이, 즉 외모에 대한 타인의 평가에 우열이 존재하게 설정했다. 첫인상에서 지배적인 고려 요소인 비언어적 요소와 스피치의 상호성을 보기 위해서였다. 그 결과 신체적 매력도와는 상관없이 부정적인 자기소개와 답변을 했을 경우 호감도와 신뢰도가 모두 하락했다. 외모가 주는 후광 효과는 그의 입을 통해 나온 부정적 태도의 언어를 극복하지 못했다.

"전 그렇게 생각하지 않아요. '좋은 게 좋은 거지'라고 말하는 사람을 제일 경계해요. 현실은 그렇지 못하니까요."

논문을 근거로 강연하던 도중 손을 번쩍 든 한 여성이 반론을 제시했다.

"그럴까요? 흔히 낙관과 긍정 그리고 비관과 부정의 개념을 착각하는 사람들이 많아요. 낙관은 막연한 신념으로 오히려 행동하지 못하게 하는 걸림돌이 되곤 하지요. 하지만 긍정은 우리가 행동해야 한다고 독려하지 않나요? 비관도 마찬가지예요. 비관주의자들은 두려움에 아무것도 하지 못하곤 하죠. 부정적인 사람은 마지못해 움직이지만 '내가 하는 게 그렇지모', '잘될 리가 있겠어?'라며 어설픈 방어막 뒤에 숨곤 하죠."

> 전략적 비관주의자들은
> 실패의 두려움을 장악할 효과적인 방법을 가지고 있다.
> 그들은 오로지 긍정적인 놀라움만 체험한다.
>
> - **줄리 노럼**(심리학자)

노럼 교수의 말은 이렇게 해석해볼 수 있다. 보수적인 목표치 안에서 자신의 계획을 행동으로 옮긴다는 뜻이다. 생각보다 좋은 결실로 이어질 가능성이 높다. 애초 기대치가 높지 않았기에 작은 성공에도 만족도가 클 수 있지 않겠는가.

그런 의미에서 보통 '전략적 낙관주의'와 '방어적 비관주의'라고 표현한다. 이는 하나를 가리킨다. 우리에게 필요한 것은 막연한 낙관이나 근거 없는 비관이 아닌 생각의 긍정력과 우선하고 보는 행동력이라는 것을 말이다. 그리고 이를 통해 이루어내는 일상의 작은 성공들은 우리에게 희망을 준다.

"난 3주 후엔 고향에서 농사를 짓고 있을 것이다. 너희가 원하는 것을 상상하라. 소망이 깊으면 그대로 이루어질 것이다." 영화 〈글래디에이터〉에는 생사를 건 전투를 앞두고 두려움에 찬 군사들을 향해 장군 막시무스(러셀 크로우 분)가 용기를 북돋는 장면이 그려진다. 긍정의 단어가 주는 가장 큰 효용성은 바로 '희망'으로 이어진다는 점이다. 그 단어가 '대의'라거나 '애국'이라든지 '충성'과 같은 추상적인 강요였다면 병사들의 '죽음'에 대한 불안을 잠재울 수 없었을 것이다. 불안은 사고를 경직시키고 시야를 좁게 하며, 신체 활동마저 제약한다.

부정적인 생각에 매몰된 삶은 표정으로만 드러나는 것이 아니다. 당장의 기분, 만남의 순간, 오늘 하루의 일, 그리고 종국에는 당신 인생 전반에 그늘을 드리운다. 윈스턴 처칠은 사소한 태도가 엄청난 차이를 만드는 힘이라고 했다.

당신의 언어는 당신의 태도이며, 태도는 평소 마음가짐에서 출발한다. 말보다 먼저 생각을 조심해야 할 이유다.

POSTSCRIPT

부정형 표현의 함정에 빠졌다면 긍정형의 접속사로 탈출하라!

타인의 의견을 부정하는 것은 일종의 성향이나 습관인 경우가 많다. 태도와 언어에서 그 부정성이 그대로 드러난다. 이는 관계에 부정적인 영향력을 행사해 그릇된 소통으로 이어질 가능성을 높인다. 상대역시 부정적인 인상으로 당신에 대한 태도를 결정하기 때문이다. 태도는 똑같은 태도를 만나고 존중은 똑같은 존중을 불러온다.

습관적으로 부정의 늪에 빠져든다면 긍정의 접속사를 구원의 끈이라고 생각하라. '하지만'과 '그런데'가 대화를 싸움에 빠트리는 '늪'이라면, '그리고'와 '그럼에도'는 대화를 함정에서 구하는 '동아줄'이다.

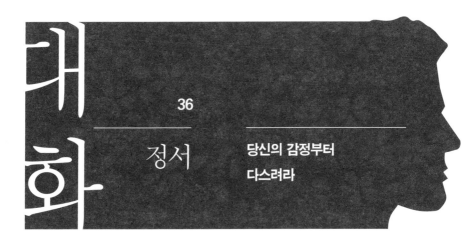

36

정서

당신의 감정부터
다스려라

"**상**담사에게 폭언, 폭행을 하지 말아주세요."

ARS를 통해 자주 접하는 말이다. 하루는 TV 연결이 고르지 못해 콜센터에 전화를 했다. 그러자 콜센터에서 안내멘트가 나왔다. "고객님, 지금 저희 쪽에서 확인해보니 해당 지역에 문제가 없는 걸로 나옵니다."

여차저차 다시 설명했다. 그랬더니 "아, 그러시다면 언제가될지는 모르지만 출장 수리 조치 넣어드릴 테니 전화 오면 받아주세요"라고 답변했다. 한숨 섞인 목소리에 짜증이 역력했다.

회사 일로 정신없을 때 고령의 아버지에게 온 재촉 전화에 나도 예민해 있었다. "응급조치는 다 해봤으니 저희 집 문제만은아닌 것 같은데요. 언제 수리기사가 오실까요?"

3초의 정적이 흐른 뒤 "휴…. 그건 기사분의 사정에 따라 다른데 내일 중일 듯합니다."

서로 감정이 상한 채 통화를 마무리한 후 2시간쯤 지났을 때 다시 전화가 왔다. "고객님, 앞서 통화한 상담사 ○○○입니다. 해당 지역에서 같은 신고가 접수되어 확인해보니 전체 케이블에 문제가 있어 조치 중입니다. 앞서 통화에 불편하셨다면 죄송합니다."

감정 조절에 실패한 2시간 전의 나의 모습을 후회했다. 이후 난 감정적인 사람에게 대처하기 위해 나에게 하는 질문을 새로 정리했다.

- 최근 혹은 오늘 무슨 일을 겪었기에 저렇게 반응할까?
- 나의 어떤 태도 혹은 표현이 그 감정을 자극했을까?
- 나에게 치우지 않고 방치한 감정의 찌꺼기가 있는가?
- 나의 태도는 눈치를 보는 것인가? 호의를 보이는 것인가?
- 어떤 이야기로 요동치는 상대 마음의 박동을 차분히 돌려놓을 것인가?

> 낙관적인 사람이 되는 것은 몸짱이 되는 것과 같다.
> 뇌의 부정적이고 비관적인 정보처리 루트를 약화시키고
> 긍정적인 루트가 강화되도록 습관을 들여야 한다.
> _김주환

모든 사람은 울면서 세상에 나오지만 화와 짜증이 많은 아이가 있는 반면 웃음이 많은 아기도 있다. 성악설이나 성선설과는 다른 의미로 선천적 성정이 있음을 나는 믿는다. 기억할 것은 삶에서 좋은 에너지를 내뿜는 사람들은 스스로 긍정적 삶을 선택하고 노력하는 이들이라는 점이다. "왜 내 말이 통하지 않을까?" 혹은 "나는 왜 하는 일마다 꼬이는 걸까?" 아니면 "내 팔자에 다 그렇지 뭐"라고 체념하고 있지는 않은가.

김주환 교수는 행복은 능력이라고 말한다. 노력과 훈련으로 긍정적 정서를 키우는 자기통제력을 그 방법으로 제시한다. 긍정적인 사람이 되자고 다짐한다고 해서 하루아침에 될 수 없다. 영화 속 근육질의 주인공을 보고 그와 닮고 싶어 운동을 시작했다고 가정해보자. 평소 즐겨 먹던 치킨과 맥주도 자제하며 체지방을 줄여나가야 하고 꾸준한 운동을 통해 근육을 키워야 한다. 중요한 것은 긴 호흡과 꾸준함이다.

긍정적인 사람이 되는 것도 몸짱이 되는 것과 같다. 부정과 비관으로 가는 뇌의 통로를 차단하고 긍정의 길을 개척해야 한다. 이를 통해 우리의 뇌에도 근육이 붙는다. 나는 이를 '심리적 미장센'이라고 표현한다. 감독이 원하는 장면을 촬영하려고 의도적으로 소품이나 가구 혹은 주변 환경을 연출하는 것을 미장센이라고 한다. 내 머릿속을 긍정적인 미장센으로 연출해 두면 원하는 대로 우리의 정서와 기분을 바꿀 수 있다는 뜻이다.

스스로 안 된다면 긍정적인 사람의 곁에라도 머물자. 감정은 전염성이 강하기 때문이다. 다음은 내가 감정을 다루는 다섯 가지 방법이다.

1. 상대의 언어와 행동을 통제하려 들지 마라.
2. 나의 언어와 행동을 스스로 제어할 수 있게 하라.
3. 갈등의 출발점을 사안이 아니라 자신의 감정에서 찾아라.
4. 그 감정에서 벗어나는 자신만의 방법을 익혀라.
5. 다툼의 범위가 감정적인 싸움으로 번지지 못하게 하라.

꾸준한 운동으로 관리된 몸은 외적인 자신감으로 표현되고, 준비된 체력은 내적 자존감에 도움이 된다. 또한 무슨 일이든 할 수 있다는 자기 확신이 강화된다. 정신 건강도 마찬가지다. 긍정적 사고의 과정을 돕는 심리적 미장센은 신체의 능력도 향상시킨다.

뇌 과학자들은 인간의 뇌가 찰흙처럼 말랑말랑하다고 말한다. 우리의 뇌는 신체와 같이 유연성과 근력 모두를 가진 셈이다. 몸이 건강하면 긍정적 인간으로 변해갈 수 있듯이 긍정적 사고의 강화를 통해 운동 없이도 매력적인 사람으로 변해갈 수 있다. 당신이 보기에도 듣기에도 좋은 사람이라면 관계와 대화에서 원하는 목적지에 수월하게 다가설 수 있다.

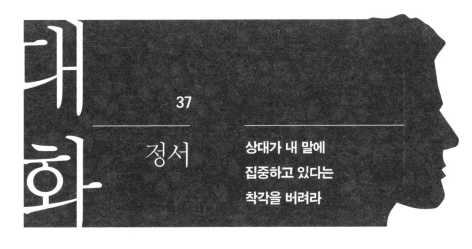

37

정서

상대가 내 말에
집중하고 있다는
착각을 버려라

당신의 마음과 생각에 긍정 회로가 준비되었다면 이제 본격적으로 타인의 기분과 감정에 집중해볼 시간이다. '과연 대화의 상대는 나에게 얼마나 집중하고 있을까?' 또는 '내가 하는 이야기의 어느 정도가 상대의 마음에 가 닿을까?' 초등학교 저학년부터 말하기를 다시 배워 보고자 하는 학부모까지 다양한 성별과 연령을 가진 이들에게 말하기 강의를 하며 내가 했던 고민이다. 새삼 대화를 공부하고 연습해야 할 필요성은 무엇일까. 그래서 정작 무엇을 어떻게 하라는 것인지 모르겠다는 그들의 표정을 수없이 보았기 때문이다.

식후 연설보다 더 어려운 두 가지 일이 있다.

하나는 당신 쪽으로 기울어진 벽을 타는 일이며,

다른 하나는 당신 반대쪽으로 넘어가고 있는 여자에게

키스 하는 일이다.

_ 윈스턴 처칠

사람들은 자신의 생각과 말을 최전선에 둔다. 듣는 데는 보수적이나 표현은 진보적이다. 이러한 대화의 관성은 때와 장소 그리고 상황 판단을 무디게 할 만큼 극단적이다. 아마 머릿속에는 온통 이런 생각들로 가득할 것이다. "자기소개를 시키겠지? 그럼 무슨 말을 해야 할까?" 혹은 "앞에 나와서 발표하라고 하면 어쩌지?" 심지어 "내가 말을 못하면 바보라고 생각할 거야"와 같은 쓸데없는 고민들 말이다. 정작 자신이 그 자리에 무엇을 위해 존재하는지 목적은 까맣게 잊는다.

처칠의 말처럼 배가 불러 주의 집중이 떨어진 상태가 아니라고 하더라도 인간의 자기중심성은 모든 소통의 순간에 치명적인 방해 요소로 작용한다. 사람들은 벽을 세우고 각자 자신을 향해 당긴다. 대화는 반대쪽으로 넘어가고 있는 마음에 대고 메아리 없는 외침만 해대는 꼴이 된다. 키스는 언감생심이고 기본적인 소통조차 어렵다. 서로의 관성대로 말하고 행동하게 둔다면 모두가 원하는 목적지에 도착할 수 없을 테다.

그러면 어떻게 해야 할까? 상대의 정서를 공략해 나에게 몸을 기울이도록 만들어야 한다. 먼저 다음 세 가지를 기억하자.

> **Manners maketh man(매너가 사람을 만든다).**
> _ 영화 〈킹스맨〉 중에서

1. 상대 정서에 영향을 주는 첫 번째 요소는 바로 '당신'이다

헤리(콜린퍼스 분)의 대사는 한때 모르는 이가 없을 정도로 유행어였다. 멋들어지게 정장을 차려입은 신사가 악당들을 응징하기 전 읊었던 이 말은 많은 사람들의 공감을 불러왔다. 때로는 사실 자체보다도 태도가 더 중요하다. 인간의 마음과 기분은 갈대와 같아서 아주 예상치 않은 작은 변화에도 흔들린다. 이는 생각에 영향을 미치고 말과 행동을 넘어 그의 판단과 결정을 좌우한다.

사람들은 입을 떼기도 전에 타인의 외모만으로 태도를 형성하기도 한다. 《설득의 심리학》의 저자 로버트 치알디니는 최고의 설득은 메시지 자체가 아니라 메시지가 전달되기 전 핵심적인 순간에 일어난다고까지 말했다. 적어도 원빈, 현빈과 같은 외모에 이병헌, 이선균의 목소리를 지녔다면 세상 모든 일을 수월하게 시작할 수 있을 것이다.

하지만 애석하게도 두 가지 모두를 가진 이들은 많지 않다. 이는 상대가 내 말에 집중해야 할 어떤 이유도 느끼지 못한다는 뜻도 된다. 내가 말하면 모두가 귀를 기울일 거라는 생각은 착각이다.

2. 상대 정서에 영향을 주는 두 번째 요소는 '장소와 공간'이다

강연에 앞서 내가 제일 먼저 하는 일은 자리 배치다. 발터 슈미트의 말처럼 인간에게 공간은 기분을 좌우하는 한 요소가 되기도 한다. 어디에 앉느냐는 심리가 결정하고, 어디에 앉느냐에 따라 기분이 좌우된다. 인간의 심리는 주변 환경에 영향을 받고 심리적 안정을 위해 주변 환경을 선택하거나 적극적인 변화를 주기도 한다.

가능하다면 나는 서로의 얼굴을 볼 수 있도록 타원형의 한 줄로 앉게 한다. 아니면 내가 중심에 서고 원형으로 둘러앉게 한다. 카페에서조차 사람들은 선호하는 자리에 습관적으로 앉는다. 누구는 뒷자리, 누구는 창가, 누구는 문 바로 앞 등 개인 취향이 반영된다. 취향은 정서와 연관이 깊다. 그래서 모두가 동등한 조건에서 강연에 참여하도록 하는 의도적 장치인 셈이다.

3. 정서적 반응에 앞서는 것이 '물리적, 생리적 반응'이다

철학자이자 심리학자였던 윌리엄 제임스는 사람들이 슬픔을 느끼는 원인에 대해 '눈물을 흘리기 때문에 슬프고 심장박동이 빨라지는 것'이라고 했다. 기분 좋게 나선 길에서 팔을 '툭' 치고 사과 없이 지나가는 사람에게 화가 나는 이치와 같다. 슬픈 사안을 앞에 두고 눈물을 흘리는 생리적 반응이 '슬픔'의 정서를

유발한다는 이론이다. 그의 이론에 근거해 '정서를 중심에 둔 소통의 알고리즘'을 다음과 같이 만들어 보았다.

정서를 중심에 둔 소통의 알고리즘

진화론의 시초 찰스 다윈도 일찍이 이를 뒷받침하는 연구 결과를 내놓았다. 그는 '감정을 흉내내는 것도 감정을 마음에서 우러나오게 하는 경향이 있다'라고 했다. 의도적으로 입꼬리를 올려 웃는 표정을 지으면 '기쁨'의 정서로 이동한다. 울상을 지으면 '슬픔'이, 찡그린 얼굴을 하면 본인도, 보는 사람도 '짜증'이 묻어나기 마련이다.

광고계의 고전적인 기법인 '3B'도 같은 이치다. Beauty(미인), Beast(동물), Baby(아기)라는 외부적 자극은 사람들이 선호하는 요소들이다. 이들은 사람들을 미소 짓게 만든다. 미소를 지으면 '기분'이 좋아진다. 외부 자극이 신체 변화로 이어져 정서를 결정짓는 것이다. 이는 곧 '설득'으로 이어지고, '선택'하게 만든다.

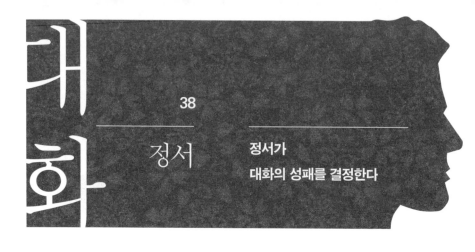

타인의 기분을 살피는 행동이 눈치 보는 것이라고 느끼는
가? 한 가지만큼은 확실하다. 대화의 두 주체, 나와 상대
의 정서가 결국은 대화의 깊이를 결정한다는 점이다. 내 기분이
별로거나 상대가 불편한 점이 있다면 그 만남은 최선의 결과로
이어질 수 없다. 서로의 목적에 다다르기 위한 전제조건이라 해
도 좋겠다. 정서가 대화와 관계의 방향뿐만 아니라 성과를 내는
데 중요한 부분이라는 의미다.

소개팅에서 계속 실패 중인 후배에게 정서를 바탕으로 한 조
언을 해준 적이 있다. 실전을 치른 'ㅅ'이 또 다른 질문을 했다.
"형, 우선은 시키는 대로 해봤는데요. 역시나 대화가 힘들어요.
기분은 나쁘지 않아 보였는데 결과는 좋지 않아요."

하루아침에 달라질 리 없었다. 내가 물었다. "천천히 얘기해

봐. 넌 만남이 어땠어?" 질문의 방향을 우선 'ㅅ'에게 맞췄다.

"아니, 우선 그녀가 늦게 왔어요. 그래도 차분하고 마음에 들었는데 대뜸 이런 말을 하더라고요. '결혼하면 서초동에 살고 싶어요. 아이들을 학교나 학원도 보내기에 좋고, 아이를 좋아해서 세 명쯤 낳고 싶거든요'라고요." 말하는 'ㅅ'의 얼굴에 짜증이 묻어있었다.

내가 한 번 더 물었다. "흠, 솔직한 게 흠은 아니지만 첫 만남에서 하긴 좀 부적절했네. 그래서 그후로 대화가 잘 안된 거야? 여성은 너를 어떻게 생각하는 거 같았어?"

"커피 마시며 대화가 겉돌기에 차라리 술을 한잔 하자고 했죠. 거절당했지만…"

편안함과 불편함은 정서의 문제다. 행동심리의 측면에서 정서는 두 가지로 나눠 볼 수 있다. 우울함이나 불안함 등과 같은 '특징적 정서'와 특정 감정이나 순간의 기분 등과 같은 '상태적 정서'가 그것이다. 오랜 실직에서 오는 우울함이나 큰 시험을 앞두고 생긴 불안함은 일시에 해소되지 않는다. 해당 문제를 해결해야만 하는 특징적 정서다. 그러나 분위기 좋은 식당에서 맛있는 음식을 먹었을 때의 기분 혹은 마음에 드는 이성과 마주하고 나누는 대화를 통해 느끼는 감정은 다르다. 커피 한 모금에도 칭찬 한마디에도 달라지는 것이 기분과 감정이다. 그만큼 일시적이고 즉흥적이다.

타인의 상태적 정서에 집중해야 할 이유가 여기 있다. 긍정적인 정서는 시각을 확장시키고 관점과 행동의 범위를 넓힌다. 다시 말해서 마음이 관대해지고 행동은 과감해진다. 긍정적 정서가 형성된 사람들은 목표물에 시선을 더 오래 둔다. 반대로 부정적 정서는 상대의 경계심을 자극해 신중한 태도를 가지게 만든다. 성공적인 대화와 소통 그리고 그를 통해 원하는 바를 서로 이루기 위해선 기분과 감정에 집중해야 한다.

여성의 가족계획에 가까운 말은 남성이 불편함을 느낄 만큼 너무 앞서 나간 이야기다. 'ㅅ' 역시 상대의 의견을 존중하고 왜 그런지 차분히 대화를 이어가지 못했다. 서로가 술자리로 옮겨갈 만큼 감정이 무르익지 못했을 것이다. 누구의 잘못이라기보다는 서로의 정서를 어루만지지 못한 대화가 관계맺음의 실패로 이어진 셈이다.

> 인간의 감정은 예술과 같아서 위조할 수 있지.
> 보기엔 진품과 똑같아도 위조란 말이지.
> 하지만 모든 위조품엔 진품의 미덕이 숨어있지.
> _ 영화 〈베스트 오퍼〉 중에서

세기의 명화 '모나리자'를 보며 이런 의문을 품은 적 없는가? '저 표정은 과연 어떤 감정을 담고 있는 걸까?' 수세기에 걸쳐 눈썹이 없는 이유만큼이나 사람들의 궁금증을 자아낸 부분이다.

영화감독 레프 쿨레쇼프는 국민배우로 불리던 남성의 무표정한 얼굴을 극단적으로 클로즈업해 찍었다. 그리고 세 가지 대상을 촬영했다. 따뜻한 스프가 담긴 접시, 관 속에 누운 아이, 소파 위에 비스듬하게 누운 여인이었다. 대상에 이어 배우의 무표정한 얼굴 사진을 이어 붙였다. 각각 다른 사람들에게 보여준 후 배우가 연기한 감정이 무엇인지 물었다. 순서대로 허기짐, 슬픔, 사랑이라고 답했다.

이 실험은 인간이 감정적 정보에 반응하고 대상을 바라보는 관점과 태도를 결정함을 가리킨다. 사람들은 애써 감정을 숨기기도 한다. 드러내지 못한 감정의 찌꺼기는 생각 속으로 깊이 파고들어 결국 특징적 정서로 고착화된다. 누군가와의 대화를 피하게 되거나 지극히 일상적인 정보 교류를 넘어선 깊이 있는 대화로 발전하지 못한다. 한번 형성된 기분, 감정, 태도 등을 순간 반전시키기는 쉽지 않다. 엄청난 유머의 달인이라고 해도 말이다. 자신의 감정과 상대의 기분을 쉽게 취급하지 말아야 하는 이유다.

정서가 대화에 미치는 영향의 알고리즘

모나리자의 표정은 기본적으로 무표정에 가깝지만 감상자는 자신의 기분에 따라 모나리자의 표정을 해석할 가능성이 높다. 여행의 흥분과 신혼의 단꿈을 꾸는 관람객 눈에는 행복하게 미소 짓는 모습으로, 지갑이나 소지품을 도둑맞았거나 연인과 다툰 커플의 눈에는 살짝 찡그린 얼굴로 보일 수 있다. 인간은 외부 정보를 각자의 해석 틀로 바라보고, 여기서 느낀 감정을 반영해 기억한다. 레오나르도 다빈치가 의도한 모나리자의 표정은 알 수 없지만 그녀를 바라보는 인간은 저마다 다르게 느낀다. 이는 사전에 형성된 상대의 정서를 어찌할 수 없어도 현장에서 충분히 나에게 유리한 상황으로 바꿀 수 있음을 암시한다.

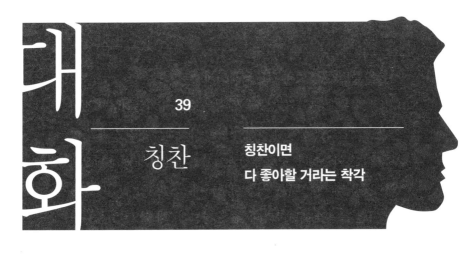

길에서 아기를 보면 본능적으로 다가가서 그 생명력을 예찬하는 여성이 있었다. 여지없이 유모차에 이끌린 그녀는 아이의 얼굴을 보고 짐짓 당황했다. 그간 수없이 날리던 칭찬의 단어가 그날따라 선뜻 나오지 않았다. 여인은 신음하듯 말을 흘렸다. "어머, 아기…다."

세상 모든 생명의 시작은 아름답다. 그럼에도 인간의 이성은 예쁜 아기와 덜 예쁜 아기로 구분 짓기도 한다. 여성이 하려 했던 말은 분명 "어머, 어쩜 이리 예뻐요!" 혹은 "정말 귀여워요" 정도였을 것이다. 세간에 떠도는 웃픈 이야기지만 의미하는 바가 작지 않다.

칭찬은 대화를 풀어가는 데 있어 유용한 도구 중 하나다. 살아있는 모든 것들을 춤추게 한다는 유행어의 주인공이 아닌가.

칭찬은 분명 듣는 이의 기분을 들뜨게 한다.

조직과 위계의 사회, 장유유서 같은 유교적 가르침이 여전히 사람을 평가하는 중요한 잣대인 한국 사회에서 칭찬은 때로 아부의 다른 이름이다. 수평적 관계에서조차 칭찬이 쉽게 나오지 않는 것은 익숙하지 않아서일 테다. "너 오늘 정말 멋있다!" 혹은 "이번 기획안 대단하더라" 같은 칭찬에 "너 왜 그러니, 나한테 뭐 부탁할 거 있어?"라거나 "나한테 뭐 잘못한 거 있니?"처럼 그 순수성을 의심받는다. 모두가 칭찬에 춤을 추는 것은 아니다.

칭찬의 효과는 우리 주변에서 아주 흔하게 입증된다. 내용이 거창할 필요도 없다. 외모와 관련된 것(이성의 외모를 칭찬할 때는 주의해야 하지만)이든 성격이든 그의 업무 성과든 상관없다. 드라마에서 자주 보지 않는가? 백화점을 찾은 중년의 고객들이 좋아하는 "와, 어쩜 뭐든지 잘 어울리세요"라거나 "날씬하셔서 한 치수 작은 게 좋겠어요" 또는 "딱 고객님 입으시라고 나왔네요" 같은 말들은 진부하지만 효과는 만점이다.

불우한 환경을 딛고 빅토르 위고가 《레미제라블》을 탄생시킬 수 있었던 것도 어린 시절 선생님의 "너는 글로 세상을 바꿀 수 있을 거야"라는 극찬 때문이었다. 또한 GE의 잭 웰치 회장은 어떤가. 말더듬으로 불행했던 소년은 "네가 말을 더듬는 이유는 생각의 속도가 너무 빨라 입이 따라주지 못하는 것이니 걱정하지 마"라는 어머니의 지혜로운 말 한마디로 세기의 경영인이 되었다. 좋은 말재주로 남을 칭찬해 즐겁게 하면 세상을 움직일 인재도 만들어낼 수 있다.

> "담당의사가 정신적인 병 때문에 약을 먹으라 하더군.
> 난 약을 싫어해. 그런데 당신을 만나고부터 약을 먹기 시작했어."
> "그 말을 지금 칭찬이라고 하는 건가요?"
> _영화 〈이보다 더 좋을 순 없다〉 중에서

　물론 칭찬이 항상 모두에게 긍정적으로 작용하지는 않는다. 엄밀히 사람들은 빈말에 가까운 형식적 칭찬을 구분해낼 줄 안다. 과연 어떤 말은 빈말이 되고, 누구의 말은 칭찬이 되는가? 왜 사람들은 칭찬하는 사람에게 오히려 의심을 품게 될까?

　영화 〈이보다 더 좋을 순 없다〉 속 주인공인 유달(잭 니콜슨 분)은 여성의 핀잔에 이렇게 고백했다. "당신이 나를 더 좋은 남자가 되고 싶게 만들었어!" 유레카! 칭찬의 비기(祕器)가 여기에 있지 않은가? 바로 진정성이다.

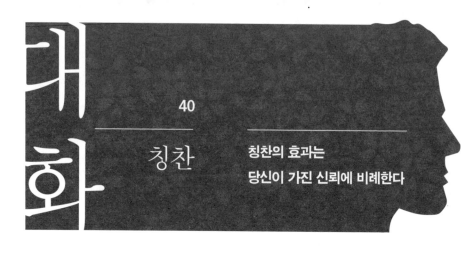

40

칭찬

**칭찬의 효과는
당신이 가진 신뢰에 비례한다**

하루는 강연장에서 만난 젊은 남성 직장인이 내게 대뜸 플러팅 보이_flirting boy_로 불리는 것이 억울하다며 고충을 토로했다.

"플러팅? 그게 무슨 뜻이죠?" 어느 정도 의미는 짐작하고 있었지만 모른 척 물었다.

"그 단어 들어본 적 없으세요? 요즘 젊은 층에서 쓰는 용어인데요. '기분 좋게 하는 말' 정도의 의미일 텐데요. '추파를 던지다'는 의미로도 쓰이는 모양이에요. 저를 바람둥이로 보는 걸까요?"

사실 난 플로팅_floating_인 줄 알았다. 칭찬이나 듣기 좋은 말로 상대의 기분을 '둥둥 뜨게' 한다는 뜻으로 말이다. 묘하게도 두 단어가 내포한 효용성은 닮아있다. 상대의 마음을 얻기 위해 하

는 말, 상대의 기분이 좋아지게 만드는 말, 두 가지 모두 칭찬이
가져오는 효과가 아니면 무엇이란 말인가.

> **칭찬할 때는**
> **그 사람이 원래 가진 것 말고 오늘 노력한 것에 집중해보세요.**
> _ 싸이

대화를 통해 내가 느낀 청년은 여자를 유혹하기 위해 플러팅
을 수단으로 삼는 사람은 아니었다. "흠, 보통 어떤 칭찬의 말을
하시나요?" 내가 물었다.

"아, 사실 말주변이 없지만 칭찬하며 인사하거나 대화를 시작
하는 것이 좋다는 조언을 들어서요. 그냥 평범한 칭찬이지요. '김
대리, 오늘 멋있어!'라거나 '보고서 아주 훌륭했어요' 등이죠."

원래 칭찬이란 그런 것이 아니냐는 눈빛으로 나를 바라보는
그에게 되물었다. "평소 그 사람들의 사소한 변화를 눈여겨본
적이 있으신가요?"

청년은 잠시 생각에 잠기더니 나지막이 답했다. "아, 사실 타
인의 삶에 그다지 관심을 두지는 않아서요."

가수 싸이의 격언은 무턱대고 해대는 칭찬은 아무런 감동이
없다는 완곡한 표현이다. 사람들이 칭찬에 반응하고 상대의 진
심을 느끼는 경우를 난 다음 두 가지 정도로 본다. 하나는 싸이
의 말처럼 자신의 노력과 변화를 알아봐주는 것이다. 다른 하나

는 남들이 모르는 매력을 발견해줄 때이다.

> "당신은 내 눈동자의 색깔이 무엇인지 아시나요?"
> "네? 눈을 가리고 물으면 제가 알 수가 없죠."
> "제 눈동자는 초록색이랍니다.
> 제 남편은 그것을 알아보고 아름답다고 해준 첫 남자예요."
>
> _ **올리비아 핫세**(영화배우)

〈로미오와 줄리엣〉을 통해 만인의 여인으로 불렸던 올리비아 핫세의 결혼 스토리다. 수많은 남성들이 그녀의 아름다운 얼굴과 뛰어난 몸매를 찬양할 때 지긋이 그녀의 눈동자에 집중한 남성은 세기의 여인에게 선택받았다. 그녀는 자신의 눈동자가 예쁘다고 평소 거울을 보며 생각했을 것이다. "왜 아무도 어머니가 물려주신 예쁜 눈동자를 칭찬해주지 않는 거지?" 이런 아쉬움을 토로하며 말이다. 그래서 "당신은 초록색 눈동자가 가장 매력적이에요"라고 말하는 남성에게 진정성을 느끼지 않았을까?

사람들이 바라는 칭찬은 영혼 없이 되뇌는 앵무새의 대사가 아니다. 당신의 평가와 판단은 마음속에 접어두고 왜 그런 생각을 하게 되었는지를 떠올려 보자. 평소 신뢰를 쌓아온 사람이 하는 칭찬의 효과는 크다. 또한 자신의 진정한 가치를 인정해주는 이에게 사람들은 고마움을 느끼고 믿음을 가지게 된다. 가는 말이 고우면 오는 말이 곱듯 진정성 있는 칭찬은 당신에 대한 신뢰로 돌아온다.

　세상에 거저 되는 일은 없다. 칭찬을 통해 얻고자 한 목적이 있었다면 그에 합당한 마음씀이라도 있어야 한다. 상대에 대해 잘 알지 못한다면 어설픈 칭찬은 접어 두자. 그래도 플러팅을 하고 싶다면 적어도 그 사람의 오늘에라도 집중해보라. 누가 아는가? 올리비아 핫세와 같은 절세미인을 만나게 된 것처럼 내게도 큰 행운이 올지.

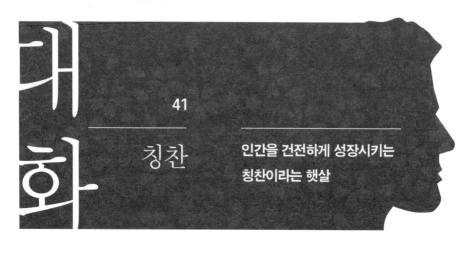

41

칭찬

인간을 건전하게 성장시키는
칭찬이라는 햇살

칭 찬받고 싶은 것은 사람의 본능이다. 칭찬만 하는 컴퓨
터와 비판만 하는 컴퓨터를 접한 두 그룹이 한쪽에는
호감과 신뢰를 보내고, 다른 쪽은 시스템 자체를 인정하지 않
았다는 연구가 이를 잘 드러낸다.

칭찬이 주는 가장 큰 효용성은 상대가 그런 칭찬에 걸맞은 사
람이 되고자 하는 동기를 가지게 하는 데 있다. 자신이 생각하
는 이상적인 인물을 닮고자 하는 노력도 이와 같은 선상에서
이해할 수 있다. 이는 좋은 이미지를 갖기 위해 노력하는 이미
지 관리 또는 인상 관리와도 자연스럽게 연결된다.

'이미지image'라는 단어는 라틴어의 '이마고imago'에서 유래되
었다. 이마고는 다시 '이미타리imitari' 즉 '모방하다'라는 말과 연
관이 깊다. 한때 닮은 꼴 방송인이 큰 인기를 끈 적이 있었다.

대표적으로 지금은 고인이 된 너훈아(본명 김갑수)와 같은 모창 가수다. 가수 나훈아가 방송 출연을 극도로 제한하고 콘서트 또한 몇 년에 한 번 하는 상황에서 팬들의 갈증이 소위 닮은 가수의 이미지를 통해 해소될 수 있었다.

칭찬은 호감과 믿음을 만들어낸다. 인간은 자연스럽게 호감과 믿음을 가진 상대를 따르게 된다. 이는 다시 칭찬의 대상이나 칭찬의 내용을 닮아가려는 모방으로 이어진다. 이를 통해 만들어진 유사성은 동질감으로 이어진다. 상대가 나와 비슷하다고 느낄 때 사람들은 기본적으로 큰 호감을 느낀다. 심리학에서는 이를 '유사성 효과'라고 한다. 유전적으로 닮은 혈연과 공간의 이미지와 문화를 공유한 지연과 학연에 사람들은 의심 없는 믿음을 보인다.

부부는 살며 닮아가는 것이 아니다. 남녀는 본능적으로 자신과 닮은 이성에게 호감을 느낀다. 부부는 애초에 닮아있어 나이가 들수록 비슷한 모습으로 수렴해간다. 삼삼오오 어울리는 친구들도 가만히 살펴보면 서로 닮았다. 전혀 모르는 사람들 사이에 친구들을 넣고 유전자 검사를 했다. 친구 두 명의 유전자는 무작위로 선택한 낯선 두 명의 유전자보다 유사했다. 실제 부부 사이의 유전적 유사도가 높다는 연구 결과도 있다. 이 정도면 인간이 자신과 비슷한 사람에게 동질감을 느끼는 것은 과학이 아니고 무엇이란 말인가.

> 타인을 칭찬함은
>
> 자신이 낮아지는 것이 아닌
>
> 자신을 상대와 같은 위치에 놓는 행위다.
>
> _ 괴테

조직과 단체, 특히 이윤 창출이 존재 이유인 기업들은 어떻게 하면 동질감을 심을 수 있을지 항상 고민한다. 팀의 결속력을 강화시키는 방법 또한 유사성을 찾거나 심는 것이다. 비슷한 외모, 관심사, 우연히 발견한 취향이 있다면 좋겠지만 조직원 모두를 여기에 끼워 맞출 수는 없다. 진정 어린 칭찬이 이 모든 것을 가능하게 한다면 믿겠는가?

동질감을 심는 데 있어 무엇보다 중요한 것은 '공통의 지향점'이다. 반목과 미움으로는 불가능한 일이다. 괴테의 말처럼 서로를 높여주는 과정을 통해 우리는 더 높은 이상을 향해 함께 나아갈 수 있다.

단 한 번의 칭찬을 위해서는 그에 대한 관심이 선행되어야 한다. 그리고 상대를 표현할 신중한 언어의 선택이 필요하다. 그 언어가 상대의 마음을 움직일 때 마법은 시작된다. 칭찬은 모방으로, 모방은 닮음으로 이어져 동질감을 만들어낸다. 칭찬 하나로 서로에 대한 호감과 신뢰를 높이는 기적의 순간이다.

작은 공통점이라도 발견하려고 노력하라. "우리는 닮은 구석이 있네요!"라고 느끼는 순간, 서로는 연결된다. 마음의 빗장이

풀리고 당신의 말은 더 잘 들리게 된다.

POSTSCRIPT

칭찬이 주는 혜택을 충분히 누리고 싶다면 다음의 내용을 기억하자!

- 판에 박은 듯 항상 들었을 표현은 피한다.
- 그가 이룬 성과보다는 과정과 가능성을 예찬하라.
- 평소 작은 것들을 기억해 두었다가 사소한 일을 칭찬하라.
- 외모에 편중된 단편적 칭찬보다는 그의 전체적 매력에 초점을 맞춰라.
- 할까 말까 망설이지 마라. 칭찬은 적극적이고 시원하게 해야 효과적이다.

결격

5장

표현의
명료함을 더하는
적절성의 격률

缺格

一

格

一

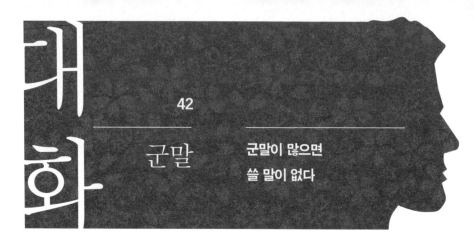

야구 경기가 끝나면 그날 수훈 선수의 인터뷰가 이어진다. 하루는 고등학교를 갓 졸업하고 첫해 신인왕에 도전하는 루키가 주인공이 됐다. 현장 리포터가 물었다. "올 시즌이 프로 선수로는 첫 해잖아요. 그런데 전혀 그런 느낌 없이 잘해주고 있어요. 비결이 있을까요?"

여드름이 남은 앳된 얼굴의 선수는 발갛게 상기되어 더듬더듬 대답했다. "어… 일단, 기본적으로 선배들의 도움 때문이고요. 또 기본적으로 매 경기 최선을 다한다는 생각뿐입니다."

리포터가 서툰 기색으로 짧은 답변이 나오자 한 번 더 묻는다. "부모님이 참 기뻐하실 거 같아요. 방송 보실 텐데 한 말씀 해주세요."

선수는 머뭇거리더니 다시 말했다. "어, 일단, 기본적으로 감사하다고 전하고 싶습니다. 그리고 기본적으로….”

　기본적으로는 ‘기본적으로’라는 표현을 빼도 의사 전달에 문제가 없다. “우선 선배들의 도움이 있었기 때문이고요. 매 경기 최선을 다한다는 생각이 좋은 결과로 이어진 것 같습니다”라고 말하면 된다. 의미 없이 반복되는 단어에 시청자들은 인터뷰의 본 내용보다는 ‘기본적으로’라는 단어만 머릿속에 남았을 것이다. 일상 대화의 시작마다 붙이는 “아, 일단”이나 “우선” 그리고 대화 중간의 “무슨 말인지 알지?” 등도 마찬가지다.

　대화를 길게 독점하는 사람들이 유독 쓰는 표현이 ‘무슨 말인지 알지?’다. 정말 상대가 이해하는지 궁금해서 묻는 게 아니다. 길어진 말만큼이나 떨어진 상대방의 집중력을 환기시키려는 의도다.

　또한 스스로 말이 정리가 안 된다고 느끼는 순간 ‘내 말 뭔지 알지?’ 혹은 ‘뭔 말인지 이해하지?’ 등의 확인 과정을 거친다. 어느 쪽이든 그저 문장 중간에 끼어있는 군소리일 뿐이다. 대화가 길어지고 수없이 같은 말을 반복할수록 듣는 이는 기분이 좋을 수가 없다. 가르치려 든다는 느낌이 들 것이기 때문이다.

　왜 사람들은 의미 없는 표현을 반복할까? 이유는 간단하다. 스스로 정리가 되어있지 않기 때문이다. 그나마 앞서 두 단어 자체는 뜻이라도 있다. 어떤 이들은 “음”이라거나 “아” 하거나 “어”라는 등 말 그대로 군소리를 끊임없이 끼워 넣는다. 상대 이야기의 중간에 추임새로 “아~” 하고 “오~” 하면 호응이 되지만 자신의 말 사이에 들어가는 외마디 음절들은 듣는 이를 답답하게 하는 군말에 불과하다.

필요 이상의 군더더기 말을 쓰는 표현법을 '군말법'이라 하기도 한다. 의도를 가지고 수사적 표현의 효과를 위해 일부러 사용할 때의 이야기다. 에둘러 부드럽게 표현하거나 말을 강조하기 위해 한 문장 안에 비슷한 표현을 되풀이하는 수사법이다.

예를 들어 "너무나도 명백히 더할 나위 없이 확실하고 완벽한 대한민국의 승리입니다"와 같은 식이다. 올림픽 같은 스포츠 중계에서 캐스터들이 자주 활용한다. 이는 달변가나 풍부한 어휘를 자랑하는 이야기꾼들에게나 가능할 이야기다. 대부분 말하는 이의 부주의로 보거나 심지어 무학(無學)과 무지(無知)에 기인한다고 평가하기도 한다.

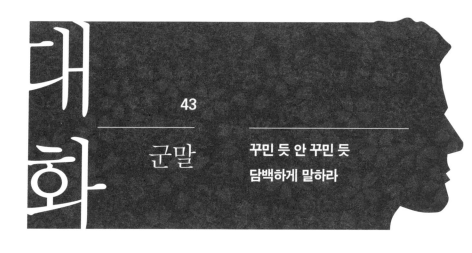

43

군말

꾸민 듯 안 꾸민 듯
담백하게 말하라

자세히 설명하지 않으면서 상대가 정확히 알아듣기를 원하거나 잘못된 설명을 해도 어떤 뜻인지 이해하기를 바라는 건 그야말로 이기심이다. 충실한 내용도 진실한 마음도 담지 못하는 말로 대화할 바에는 차라리 침묵이 낫다. 찰떡같은 말을 해야 찰떡같이 알아듣는다. 횡설수설 알 수 없는 말만 늘어놓으면 상대방은 말의 정확한 의도와 의미를 파악할 수 없다.

'담백하게 말하기' 기본 연습법

1. 답변이 늦더라도 명확한 의미를 가진 단어로 말을 시작하라

상대방이 질문을 하기 전에 미리 내용을 파악하자. 앞서 '이정표

세우며 듣기'가 도움이 될 것이다. "다시 한번 얘기해주시겠어요" 하고 시간을 가진 후 말을 시작하라. 쉽게 되지 않는다면 말문을 여는 몇 가지 표현을 익혀 둬라. "제 생각은 이렇습니다" 또는 "그 부분은 바로 말씀드리기 곤란한데요"와 같은 식이다.

2. 주어로 시작해서 술어로 말을 끝마쳐라

흔히 하는 실수가 '누가' 무엇을 말했거나 행동했는지를 생략하는 것이다. "결국 실패하고 말았다니까"라거나 "지난번처럼 진행하기로 했어"와 같다. 또는 "그건 안 하기로…" 혹은 "어제 하려 했는데…"처럼 명확히 문장을 마무리하지 못하는 사람들이 생각보다 많다. '누가, 언제, 어디서, 무엇을, 어떻게'를 밝혀 말하는 것은 기자만의 원칙이 아니다.

3. 문장은 단문으로, 단문 간의 접속사는 긍정형으로 연습하라

"어제 해당 연도 재무제표는 정리했는데, 그런데 누락된 부분은 어떻게 해야 할지 몰라서 그냥 됐습니다"라기보다는 "어제 제가 해당 연도의 재무제표는 다 정리해 됐습니다. 그리고 누락된 부분은 더 챙겨야 할 듯합니다"라고 하는 것이 누가 들어도 명쾌하다.

4. 질문을 할 때 빼고는 어미(말끝)는 항상 내려라

보통 말의 끝은 세 가지 정도로 구분한다. 평조, 올림조, 내림조가 그것이다. 평조는 말 그대로 오르내림 없이 평평하게 음을 펴서 말함을 의미한다. 올림조는 우리가 질문할 때 끝을 올리는 것을 떠올리면 된다. 내림조는 반대로 문장을 마무리하며 마침표를 찍듯 어미를 내리는 것이다. 간단하지만 사실 주변에 이 세 가지 말끝을 분간하지 못해 부자연스럽게 하는 사람들이 많다. 어미가 계속 올라가면 듣는 이들도 숨이 차고 불안하다. 또한 문장 중간에 어미를 다 내리면 말이 뚝뚝 끊어지는 느낌을 줘 딱딱한 어투가 된다.

5. 모든 음가(글자 하나하나)의 길이는 일정하게 하라

우리말에는 장음과 단음이 있다. 같은 단어라도 한자에 따라 길게 발음해야 하는 단어가 있다. 예를 들면 '길 장(長)'을 쓰는 '장음'이라는 단어의 '장'자는 단음으로 일상적 길이로 발음하면 된다. 그러나 '짧을 단(短)'을 쓰는 '단음'은 길게 발음해야 한다. 아나운서나 기자가 아니라면 굳이 이를 다 외워서 장단음을 구분해 쓸 필요는 없다. 그러나 표준어의 자연스러운 장단고저를 해치는 발음은 고칠 필요가 있다. 특정 단어를 혹은 자기 호흡에 맞춰 길게 발음했다가 짧게 발음했다가 하는 등이 그것이다. 모든 글자는 같은 길이로 발음한다는 점을 기억하고 연습하면 좋다.

6. 숨이 차다면 '주어' 다음이나 '목적어' 다음에 들숨을 쉬어라

호흡의 길고 짧음에 따라 들숨을 쉴 자리는 사람마다 다를 수밖

에 없다. 훈련이 잘된 이들은 한 문장을 한 호흡에 가지만, 그렇지 못한 경우에는 기본적으로 문장과 문장 사이에 숨을 들이쉬고, 그도 안 되는 사람은 서술어나 목적어 뒤에 숨을 들이쉬자.

7. 숨이 아무리 차더라도 의미 단락(붙여서 말해야 의미가 되는)을 꼭 지켜라

문장 분석의 기본은 주어, 목적어, 서술어를 구분하는 것이다. 앞에서 설명한 포즈라고 하는데, 말하는 사이에 잠깐 쉬면 말의 맛이 산다. 물론 포즈를 자연스럽게 쓰기는 쉽지 않다. 심지어 아무 곳에서나 포즈를 쓰는 사람들이 생각보다 많다. 흔히 말하는 "아버지 / 가방에 / 들어가신다"와 같이 말하는 이가 실제 있다는 뜻이다. 의미 단락은 붙여서 말해야 뜻이 정확해지는 구절을 가리킨다. "아버지가 / 방에 / 들어가신다"와 같이 말하라는 뜻이다.

8. 상대가 이해하는지 궁금하다면 질문의 주체를 타인이 아닌 당신 자신으로 하라

예를 들면, "무슨 말인지 알겠어요?"라고 묻지 말고, "충분히 설명이 되었나요?"라고 묻는 것이다. 혹은 "제 말에 부족한 부분은 없나요?"와 같은 표현이다.

내가 아나운서 지망생들에게 뉴스를 가르치며 제일 강조하는

부분은 '담백하게'이다. 담백하다는 의미는 기본에 충실하라는 뜻이다. 억지로 과장하거나 꾸밀 필요 없이 군더더기를 걷어내라는 의미기도 하다. 얼마 전 나의 뉴스에 대한 철학을 지지받을 만한 일화가 있었다.

하루는 김창옥 교수가 아나운서연합회에 특강을 왔다. 특강은 질문을 받아 조언해주는 방식으로 진행됐다. 한 남성 아나운서가 손을 번쩍 들었다. "저는 3년 차 아나운섭니다. 제가 아나운서를 하면서 고민되는 부분은 연예인처럼 유명한 것도 아닌데 친구들이나 주변 사람들이 저를 좀 불편하게 보더라고요. 제 직업 때문이겠죠. 사람들이 저를 편하게 대하게 하려면 어떻게 하면 좋을까요?" 나는 김창옥 교수의 답변이 나오기도 전에 바로 문제점을 알아챘다. 대화가 '담백하지 못함'이다. 그 아나운서는 이미 목소리에 "나 아나운서인데요"라는 전제가 깔려있었다. 김창옥 교수의 조언은 이랬다.

"아나운서지만 아나운서스러움이 너무 짙게 배어있다고나 할까요? 이제 3년 정도 하셨다고요? 사람들이 다가서려면 자연스럽고 빈 곳이 좀 보여야 하는데 질문 주신 분은 너무 꽉 채워 넣었어요. 목소리 자체도 말하는 방식도. 정작 자신의 진솔한 모습은 안 보인다고 할까요?"

내가 조금 덧붙이자면 '꾸안꾸'를 이상형으로 꼽는 이유와 같다. 꾸민 듯 안 꾸민 듯하지만 자신의 개성과 멋이 살아있는 사람이 인기가 좋다. 패션의 우선순위가 자기에게 맞는 옷이듯 말의 기본은 자신이 담기는 것에서 시작한다. 단언컨대 아나운서처럼 말할 수 있다고 가르치는 것도 그 가능성의 여부를 떠나 옳지 않다. 의미 없이 반복되는 단어만 군말이 아니다. 알맹이 없는 흉내내기도 군말과 다를 바 없다. 둘 다 쓸데없다는 뜻이다.

POSTSCRIPT

말의 전달력을 높이는 강조법

• 담백하게 말하기에 충분히 익숙해졌다면 '말의 맛'을 살리는 중급 기법으로 넘어가 보자.

1. 강조하고 싶은 부분을 말할 때 목소리를 조금 더 크게 한다.
2. 강조하고 싶은 부분을 말할 때 말의 속도를 조금 천천히 한다.
3. 강조하고 싶은 부분을 말할 때 그 말의 앞과 뒤에 포즈를 넣는다.

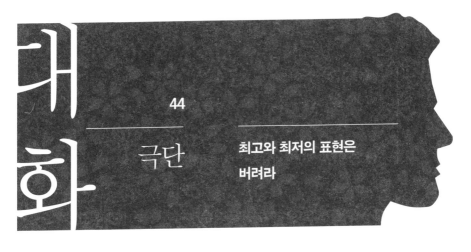

44

극단

**최고와 최저의 표현은
버려라**

유 학과 취업으로 가족과 긴 시간 떨어져 살아온 'ㅇ'이 부
모와 대화하기 힘들다며 고민을 토로했다. "어릴 때는
그런가 보다 했는데 저도 머리가 굵어서인지 부모님이 하시는
말씀을 듣고 있기가 힘들어요. 그러다 보니 찾아뵙기는커녕 통
화도 피하게 되네요. 어머니는 너무 긍정적이라 모든 걸 알아서
하라고 하시고, 반대로 아버지는 매사 부정적인 태도를 넘어 현
실을 비관하는 말들을 수시로 하세요."

최근 나도 아버지가 하신 말씀에 상처를 받은 적이 있어서 나
역시 말문이 턱 막혔다. "내가 너희들 때문에 사는 게 불행해.
담배를 하루에 네 갑이나 피우는 이유를 알아? 다 너희 자식 놈
들 때문이라고!"

우리에게 가능한 것은 '아주 적은 이유'를
시간이 날 때마다 부지런히 하나하나 소중하게
빈틈없이 단련하는 일뿐이다.

＿무라카미 하루키,《달리기를 말할 때 내가 하고 싶은 이야기》중에서

하루키의 달리기에 대한 진심을 많은 이들이 알고 있다. 그가 말했다. "바쁘다는 이유를 들어 뛰는 연습을 게을리 한다면 남은 평생 달릴 수 없게 될지 모릅니다." 사람의 소리와 말도 그와 같다. 보이스 트레이닝의 기본은 자신이 낼 수 있는 소리의 크기 자체를 먼저 키우는 데 있다. 이를 위해 풍부한 호흡과 제대로 된 발성을 꾸준한 연습을 통해 이어가야 한다. 평소 1킬로미터를 뛰는 사람에게 200미터 달리기는 가볍게 느껴질 것이다. 정제되고 안정된 목소리는 고음과 저음의 파장에서 제일 위 고지와 제일 아래 계곡을 잘라내고 그 사이에서 음폭과 성량이 움직여야 한다.

저마다 자신의 주장이 옳다고 소리 높이는 시대에 안정되고 적절한 크기의 목소리란 어떤 의미일까. 중얼거리는 것은 쉽다. 소리치며 "나 잘났어요!"라고 떠들기는 이보다 더 쉽다. 차분히 단련된 목소리에는 사람의 마음을 울리는 힘이 있다.

이는 표현의 차원에서도 마찬가지다. 감정의 중용과도 결이 같다. 양극단의 언어는 버리는 습관이 필요하다. 요즘 젊은 층에서 쓰는 용어 중 유독 그런 표현이 많다. '극혐'이나 '뇌절' 혹

은 '개 좋아' 같은 말들이다. 극단적으로 상대를 깎아내리거나 필요 이상으로 도파민을 쥐어 짜내는 것은 속도의 시대에 뒤처지지 않기 위한 본능일까.

감정은 언어를 통해 반영되기도 하지만 자신을 둘러싼 언어가 감정을 오염시키기도 한다. 뉴스들의 과도한 클릭 경쟁에서 비롯한 자극적 제목이나 소셜미디어 마케팅을 위한 과장된 광고 등이 이를 더 부추긴다.

오디션 프로그램에서는 최고점과 최저점을 제외하고 평균을 낸다. 심사위원의 의견을 고르게 반영하기 위함이다. 혹여나 있을 사적 감정의 개입과 지극히 주관적 취향의 배제, 그리고 순간적인 판단의 오류를 줄이기 위한 장치인 셈이다. 우리의 언어도 마찬가지다. 정점과 바닥의 언어는 버리는 것이 대화에서 관계를 해치는 실수를 줄여준다.

"최고야!", "아주 완벽해!" 등의 말을 남발하는 것은 진정성을 의심받을 가능성이 높다. 성공을 이룬 사람들은 자신의 신념을 앞세우고, 자신을 따르면 당신도 성공할 거라 외친다. 성공적인 인생은 자신감이 바탕이라면서 말이다. 그에 준하지 않으면 '소심'이나 '루저' 혹은 '아웃사이더'와 같은 이름표를 붙여 바닥에 내 던진다.

그럼 반대편은 어떤가. "정말 최악이야", "오늘 기분 완전 바닥이야" 심지어 "진짜 내가 죽어야 끝나지!" 등의 언어는 주변 사람들의 감정마저 쓰레기통으로 던져버린다. '깨진 유리창 이론'처럼 버려진 단어들이 쌓인 공간에는 지저분한 감정들만 모여든다. 긍정과 희망이라는 정신적 가치들은 모두 날아가 버리고 없을 테다.

그 말은 자신의 감정 언어가 곧 자신의 환경을 조성하고, 이는 삶의 큰 줄기를 결정 짓는다는 뜻도 된다. 자화자찬하는 오디션 참가자나 의기소침해서 울상 짓는 출연자에게 좋은 점수를 줄 리는 만무하다.

사람들은 대중, 즉 무리를 따른다. 무리의 심리는 이성보다는 감정에 따라 움직이는 경우가 많다. 그리고 감정은 극단으로 치우치기 쉽다. 스스로 언어의 중심을 지키는 노력을 게을리한다면 결국 우리는 무리에 속해 그릇된 판단을 하게 될지 모른다.

하루키에게 계속 달려야 할 이유는 아주 조금이지만 그의 삶 전체를 지탱했다고 해도 과언이 아니듯 우리가 작은 단어 하나에 마음 써야 할 이유는 그것이 자신의 언어를 넘어 생각 전체를 지배하기 때문이다. 그 생각은 태도가 되어 대화와 관계를 장악할지 모른다.

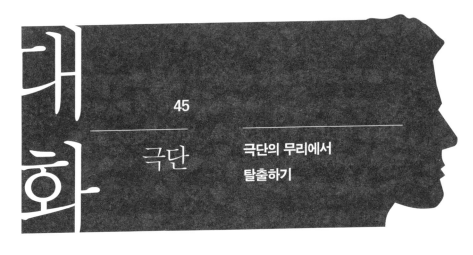

45

극단

극단의 무리에서
탈출하기

인간은 무리에서 떨어져 살 수 없는 존재다. 태초 인간이 세상에 던져진 순간, 혼자서는 살아남을 수 없어 무리를 짓기 시작했다. 맹수로부터 서로를 지키고 함께 사냥하고 경작해야 생존할 수 있었다. 언어 역시 생존을 위한 효과적인 소통의 절실함에서 발전했다.

'쓰다'는 의미의 'write'는 고대영어의 'writan'에서 유래했다는 설이 있다. 이는 긁거나 할퀴는 행동을 가리킨다. 종이도 필기구도 없던 시대에 인간은 돌이나 뼈 등을 사용해 'wrist' 즉, 손목의 힘으로 나무나 돌에 그림이나 글을 새겼다. 결국 무엇인가를 쓰는 행위 자체가 고된 노동의 하나였던 셈이다. 소통은 애초 힘든 일이다.

양극단의 언어들은 감정을 풀어내고 공유하는 기술의 미숙

함 혹은 게으름에서 비롯한다. 노력 없이 소통의 결과물만 얻고자 함은 손 안 쓰고 코를 풀려는 심보에 불과하다. 이는 대화가 아닌 자신만 편하기 위한 일방적 통보와 다름없다. 손 안 쓰고 코를 풀어 봐야 자신의 얼굴만 더럽힐 뿐이다.

부모 자식이나 부부 그리고 연인 간에는 타인이 쉽게 판단할 수 없는 그들만의 사연이 있다. 고민하는 'ㅇ'에게 난 "극단의 무리에서 탈출하라"고 조언했다.

당연히 반문이 돌아왔다. "탈출이요? 그럼 부모님하고 연락을 끊고 살라는 말인가요?"

난 다시 천천히 말을 이었다. "아버지가 그렇게 이야기할 때마다 어떤 생각으로 어떤 말들을 했는지 떠올려 봐. 그리고 차분하게 내게 얘기해줘."

한참을 생각에 잠겼던 그녀는 사건을 더듬듯 몇몇 장면을 그려내기 시작했다. "사실 저나 동생이 아버지의 기대를 채워드리지 못한 건 맞아요. 죄송하게 생각하고요. 그래도 저희 나름 잘 살고 있는데 스트레스에 줄담배를 피우시며 자신의 건강까지 해치는 건 말이 안 되죠. 그게 답답하고 이해가 안 돼요. 그래서 지난번에는 '아빠, 우리에게 신경 좀 꺼요! 그리고 이제 담배 피우지 마세요. 아버지 건강부터 챙기라고요'하고 다소 격하게 얘기하고 말았어요."

내가 다시 물었다. "정말 아버지가 자식들에 대한 걱정을 끊어낼 수 있을 거라고 생각해서? 그렇게 하면 담배도 끊을 수 있을 거라 생각하고?"

그날 내가 해준 조언을 대략 말하면 이렇다. "아버지가 걱정하시는 부분도, 네가 걱정하는 아버지의 건강 상태도 지금 당장 해결할 수 있는 부분이 아니야. 문제는 서로가 서로에게 보이는 태도와 감정 그리고 그를 더욱 악화시키는 언어에 있다고 생각해. 그렇다면 네가 먼저 이렇게 제안해보는 게 어떨까? '아버지가 저에 대해 아쉬운 부분에 대해 저도 충분히 알고 있고 조금씩 나아지려 노력하고 있어요. 하루아침에 다 이룰 수는 없겠지만요. 그러니까 아버지도 제 걱정과 담배 조금만 줄여주시면 안 될까요?'라고 말이야. 내가 극단의 무리라고 지칭한 것들은 과도한 생각들과 거기서 비롯된 극단적인 말들을 의미해. 서로가 여기서 벗어나서 새로운 관계의 거리를 설정하고 대화의 습관도 바꿔 보면 어떨까? 조금만 더 긍정적이고 건설적인 방향으로 말이지."

심리학에서는 개인이 자신의 공간이라고 인식하는 영역을 '개인적 공간Personal Space'이라 한다. 관계의 유형과 친밀도에 따라 물리적 거리를 달리 두려 한다는 것이다. 인간의 말도 마찬가지다. 심리적 공간을 침범하는 언어는 상대의 거부감을 불러일으킨다.

세상의 모든 관계는 물리적 거리 못지않게 적절한 심리적 거리도 중요하다. 대화에서 사용하는 언어의 거리도 상황과 관계에 따라 달라야 한다. 자신과의 대화에도 해당하는 이야기다.

불과 1미터 내외의 물리적 거리가 심리적 불편함과 안정을 결정하듯 대화를 통해 주고받는 말에도 적정 거리가 존재해 심리에 직접적 영향을 미친다. 소리가 공기 중 파장으로 존재함은 눈에 보이지 않아도 물성이 있다는 방증이다. 얇은 티슈를 입 앞에 대고 말을 해보라. 당신의 말이 휴지를 때려 펄럭거릴 테니 말이다. '뼈를 때리는 말'이나 '말에 뼈가 있다' 등의 표현이 근거 없이 나온 것이 아니다. 극단의 언어들은 서로에게 폭력이 될 수도 있다.

내가 그날 'ㅇ'에게 한 마지막 당부의 말은 이랬다. "너는 물리적으로 조금 더 아버지에게 다가가고, 아버지는 너에 대한 생각에서 조금 거리를 벌려 자신의 마음에 다가가 보시는 게 좋겠어. 그것의 출발은 서로의 변화된 대화여야겠지? 네가 먼저 시작해 봐. 지금 바로 아버지께 전화해."

POSTSCRIPT

개인적 공간

자신의 것을 빼앗기지 않으려던 선사시대 인간의 DNA에 새겨진 본능이다. 거리는 친밀도에 따라 달라진다. 가족은 50센티미터 미만, 사회적 거리는 1미터 50센티미터 이상이다. 이는 성별과 성격 그리고 심지어 직업에 따라서 편차가 있다고 알려졌다. 재미있는 점은 인구밀도가 높은 지역일수록 그 거리가 더 짧았다.

어린 시절 단칸방에 모여 살던 대식구가 세월이 흘러 뿔뿔이 흩어지며 가족 간의 심리적 거리도 멀어졌음이 분명하다. 이번 주말에는 부모님 손잡고 나들이에 나서 보자. 불편하더라도 잠도 같이 자면 어떨까? 분명 부모님이 하시는 극단의 생각과 언어들이 차츰 적절한 거리를 찾아갈 것이다.

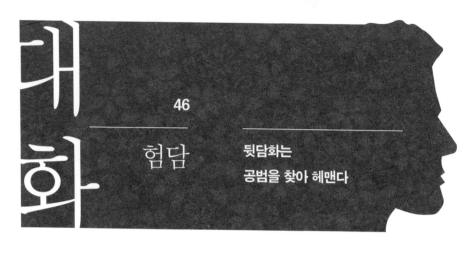

46

험담

**뒷담화는
공범을 찾아 헤맨다**

대 기업을 박차고 나온 'ㅇ'은 결정적인 퇴사 이유로 팀장
과 함께 맡은 프로젝트를 꼽았다. 각자의 업무를 할 때
는 몰랐던 그의 심각한 대화 습관 때문이었다. "글쎄 다른 팀원
의 약점을 자꾸 제게 말하는 거예요. 솔직히 알고 싶지도 않고,
그 팀원은 팀장을 믿고 어렵게 털어놓은 이야기였을 텐데. 마치
대단한 비밀을 제게 알려주는 것 같은 표정과 말투가 반복됐어
요. 그러다 점차 여러 동료들의 험담이 등장하기 시작했죠. 어
느 순간부터는 소름이 돋더라고요."

설마 어렵게 들어간 회사를 그깟 이유 때문에 그만두었을까
싶었지만 조직 생활의 신물이 차오를 무렵 결정타를 날렸다는
그 팀장의 이야기가 남의 일 같지 않았다.

아무리 나를 각별히 여기는 사람이라 해도 친구나 직장 동료에 대한 그의 험담을 들어주는 것은 곤혹스러운 일이다. 섣불리 "네가 뭔가 실수해서 그런 거 아니야? 이유 없이 그럴 사람은 아닌데"라거나 "설마 일부러 못살게 굴려고 그 사람이 그랬겠어요?"라고 어줍지 않게 중립 기어를 넣었다가는 토라져 버린 그들을 달래는 데 꽤 에너지가 소모된다.

물론 'ㅇ'처럼 이 사람 저 사람을 제물로 삼아 험담하는 이들에게 적절히 대처하기란 쉽지 않다. 윗사람일 경우 더 난감하다. 무능한 상사들이 눈을 동그랗게 뜨며 자주 하는 말이 있다. "그거 몰랐어?" 그들이 타인의 험담을 공유하는 심리는 단 하나다. 대상에 대한 자신의 부정적 견해에 "맞아, 나도 그렇게 생각해!"라고 말해주기를 바라는 것이다. 대화란 궁극적으로 나의 의견에 동의를 구하는 과정이라고 하지 않았는가.

결국 타인을 험담하는 자신이 정당하다는 것을 당신의 맞장구를 통해 확인하고자 함이다. 그러니 이를 거부하거나 다른 의견을 제시하면 어찌 될까? 그와의 관계는 틀어질 가능성이 높다.

자신의 우월함을 위해 활용한 뒷담화가 부정당하는 순간, 당신이 또 다른 먹잇감이 될 가능성도 농후하다. 이는 영화에도 자주 등장한다. 당신이 할 수 있는 선택은 두 가지뿐이다. 공범이 되거나 범인의 손에 죽거나.

> 어차피 그들이 원하는 건 진실이 아닙니다. 울고 싶은 이들에게 울
> 거리를, 욕하고 싶어 하는 이들에게 욕할 거리를 주는 거죠. 울고 욕
> 하면서 스트레스 좀 풀다 보면 제풀에 지쳐버리지 않겠습니까?
>
> _ 영화 〈내부자들〉 중에서

공범이 되지도 않고, 상대와의 관계도 파탄으로 몰고 가지 않을 방법은 없을까? 누군가를 도마에 올려 난도질하지 않고 대화를 마무리할 수는 정말 없는 것일까? 이를 위해 험담의 본질과 기능을 이해하는 게 먼저다. 다양한 화술 책에서 뒷담화의 심리를 단지 이야깃거리의 부재에서 찾는 글들을 종종 본다. 맞는 말이지만 근본적인 이유라고 볼 수는 없다. 말이라는 것은 지극히 개인적인 생각과 성격 그리고 습관의 반영임과 동시에 기존 관계의 영향을 받기 때문이다.

타인의 험담을 입에 달고 사는 건 자아존중감self-esteem이 부족해서다. 사랑받을 가치와 인정받을 능력에 대해 스스로 이미 부정적인 평가를 내린 사람들이다. 대화의 상대보다 권력이 우위인 때는 의도적으로 자신을 더 높이기 위해 힘의 균형이 비슷한 관계에서는 타인에 대한 부러움을 감추려고 뒷담화를 활용한다.

낮은 자아존중감은 타인과의 관계에서 장벽이다. 일시적으로 그 벽이 낮아졌다는 착각이 들게 하는 것이 험담이다. 누군가의 비밀이나 단점을 펼쳐놨더니 반응이 좋았을 것이다. "사람들은 남의 험담에 반응을 보이고, 비로소 내 말에 맞장구를 쳐주는구

나!"라며 죄의식 없이 대화의 도구로 삼게 된다.

초라한 현실보다 멋진 거짓이 낫다.

_영화 〈리플리〉 중에서

〈리플리〉에서는 상류층의 삶에 대한 동경에서 비롯한 주인공의 행동이 마침내 살인으로 이어진다. 그가 선택한 도구는 '거짓'이었다. 사람들은 자신이 처한 초라한 현실보다는 화려하고 거창한 거짓말에 주목했다. 주인공 톰 리플리(맷 데이먼 분)는 자신의 행동을 정당화하기 위해 거짓말을 선택하며 삶 자체도 거짓이 되어버린다. 종국에는 남의 삶을 자신의 것이라고 굳게 믿는다.

앞선 대사에는 뒷담화와 거짓말이 일상인 사람들의 공통점이 엿보인다. 바로 '비교'다. 오롯이 나의 삶을 충실히 살아내는 것도, 비교하지 않고 타인의 삶을 있는 그대로 바라보는 것도 쉽지 않은 세상이다. "그럴 수 있어!"라는 유행어처럼 모두가 비교에서 자유로울 수 있다면 현실 속 리플리나 험담을 조직 리더의 덕목으로 삼고 살아가는 이들은 없을 것이다.

지금 이 순간에도 말을 무기로 삼는 당신 주변의 재주꾼들은 이렇게 이야기를 시작할지 모른다. "혹시 그거 알아요?" 이는 호기심을 자극하는 유용한 시작이지만 만약 상대가 공범을 찾는 눈치라면 재빠르게 그 자리에서 도망쳐라. "앗, 제가 급한 용무가 있는 걸 깜박했네요." 이렇게 거짓말을 해서라도 말이다.

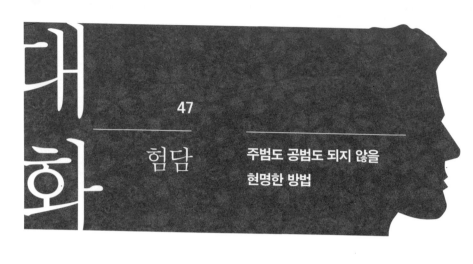

47

험담

주범도 공범도 되지 않을
현명한 방법

누군가를 시기하고 흠집 내고 싶은 마음은 인간 본능 깊숙이 내재되어있다. 삶이 팍팍하고 경쟁이 심화할수록 그리고 우리를 유혹하는 화려한 것들이 늘어갈수록 그 본능이 꿈틀댄다. 나와 가까운 사람이 잘나가면 욕구는 극에 달한다. "내 삶은 이렇게 시궁창인데 친구 녀석만 잘 나가는구나!"

리포터 : 어김없이 올해도 결혼하고 싶은 남자 1위에 오르셨어요. 소
감이 궁금한데요?

남 배우 : 아마 영화 속 이미지로 저를 보시기 때문이 아닐까 싶어요.

리포터 : 많은 여성들이 배우님은 절대 바람 같은 거 모르고, 한 여자
만 사랑할 거라 생각하는 듯해요. 부담되지 않으세요?

남 배우 : 당연히 감사하면서도 더 잘 살아야겠다는 부담감이 있죠. 모

든 남자가 가슴속에 제비 한 마리쯤 키운다고 하잖아요? 하하하.

의도치 않은 여성 리포터의 질문은 평범한 남성들의 이목을 끌기 충분했다. 천만 관객을 모은 배우이자 일상 또한 모범적인 남자는 모든 면에서 완벽해 보였다. "그래도 얼마나 인기가 많은데 한 여자만 바라본다고?" 또는 "그래도 뭐, 분명 실제 성격은 별로일 거야!" 등 작은 흠이라도 찾아내려는 말들이 왜 없었겠는가? 그러나 배우의 재치 있는 한마디는 험담하던 수많은 남성들마저 팬으로 만들어버렸을 것이다.

새내기 아나운서 시절 나 역시 질투심에 나보다 더 좋은 회사에서 잘나가는 아나운서들을 험담하기도 했다. 그러나 돌아오는 것은 너덜너덜해진 자존감과 출처 없는 죄책감뿐이었다. 순간의 정서는 일시적으로 위로됐을지 몰라도 현실은 그대로였다. 스스로가 원하는 삶과 그를 위해 해결하고 이루어야 할 과제들이 오롯이 남겨져 있었다.

불혹(不惑)을 지나도 마음은 흔들리며 이순(耳順)이 되어도 나를 무시하는 말들에 화가 나는 게 사람이다. 노인이 된다고 해서 악인이 선인이 되지도 않으며, 살기 힘들다고 모두가 악해지는 것도 아니다. 누군가를 시기하는 마음은 지극히 자연스럽다. 내가 가진 것에 100퍼센트 만족하는 이들이 과연 몇이나 되겠는가. 험담하고 깎아내리는 행위는 어쩌면 일말의 자존감이라도 챙기고 싶은 발버둥일지 모른다.

차라투스트라는 더 이상 인간이 별을 낳지 못할 거라고, 자신을 경멸할 줄 모르게 될 것이라며 슬퍼했다. 수시로 흔들리고 누군가를 험담하고 또 그런 자신을 경멸하기도 하는 것. 그의 말대로라면 아직 우리에게 희망이 있다는 반증일 수도 있다. 그러나 그 혼돈이 타인과 자신 모두에게 상처를 입히게 두어서 되겠는가? 현명하게 주범도 공범도 되지 않을 방법을 소개한다.

1. 누군가 타인의 험담을 할 때 화제를 180도 다른 방향으로 돌린다

우선 험담을 험담으로 막는 방법이다. 사람이 아닌 회사 험담이라면 어떤가. 자신이 몸담은 회사에 느끼는 아쉬움은 모두가 가진 감정이니 말이다. 단, 적정선은 지켜야 한다. 그 빌런이 누군가에게 당신이 한 이야기로 당신을 범인으로 만들지 모르니 말이다.

더 좋은 화제 전환 방법은 완전히 다른 차원의 주제로 가는 것이다. 그것도 긍정적인 결과물로 말이다. 예를 들면, 한강 작가의 노벨 문학상 수상과 같이 나와 너 모두에게 자긍심을 심어줄 기분 좋은 뉴스면 금상첨화다.

2. 험담하는 주체가 나든 상대든 그것에서 멀리 있어라

한때는 뮤지컬 공연을 보지 않았다. 내가 놓쳐버린 것들이 남긴

좌절의 생채기에 다시 염증이 생기듯 통증이 왔기 때문이다. 냉정하게 내게는 그만한 실력도 인생을 걸 용기도 부족했다. 내가 얻고자 하는 것에 대한 욕심만 가득했을 뿐이다. 결과론일지 모르나 적어도 내가 그것에서 멀리 있어 다른 것에 도전할 힘을 얻었다. 스스로 누군가의 이슈에 말을 얹고 싶은 본능이 든다면 혹은 누군가가 공범이 되자고 은밀히 운을 뗀다면 둘 모두에서 물리적으로 멀어져라.

3. 누군가와 비교해 자존감이 떨어진다면 내가 이룬 것과 내가 할 일에 더 몰입하라

자신을 존중하고 사랑할 수 없다면 타인을 사랑하는 경우를 떠올려 보라. 내가 존중하고 존경하는 사람은 어떤 사람인가? 이는 험담의 대상이 될 수 없는 인물이다. 그 사람의 자리에 자신의 모습을 투영해보자. 자존감은 마음먹었다고 쉬이 회복되지 않는다.

한 강연에서 아픈 부분을 찌르고 들어온 수강생이 있었다. "그럼 결국 자존감마저 스스로 노력해야 한다는 말이군요. 관계도 노력, 성공도 노력, 자존감도 노력, 살기 위해 노력만 하다가 끝나겠네요. 삶의 여유와 행복은 어디서 찾아야 하나요?"

그러자 내가 되물었다. "그럼 지금 스스로의 모습에 불만은 없나요? 자신의 위치에 만족하나요?"

생각에 잠겼던 학생은 조심스럽게 말했다. "아니요. 솔직히 불만족스럽죠. 그러니 학원에 온 것이고요. 요즘은 친구도 부모님도 날 좋아하지 않는다는 생각이 들 때가 많아요."

비교는 당신을 구원해주지 못한다. 노력은 당신을 힘들게 하는 요소가 아니다. 언제까지 머물러 있으며 주변 사람들을 부러운 눈길로 바라만 볼 것인가. 그들과 보조를 맞추라는 말이 아니다. 그들이 그들의 길을 개척하듯 우리의 길을 뚜벅뚜벅 걸어가자는 뜻이다. 속도는 중요하지 않다.

POSTSCRIPT

험담과 거짓말은 자신의 영혼을 좀 먹는 일

로마의 16대 황제였던 마르쿠스 아우렐리우스는 자신을 존중할 기회를 잃어버리는 것이 곧 스스로를 학대하는 것과 같다고 했다. 현재의 내가 행복하지 못하다면 타인이 가진 것들이 아닌 그들이 그 자리에 오르기까지의 흔적들을 살펴봐야 한다. 그 흔적이 별볼일 없다면 내가 그를 시기할 이유가 없고, 흔적이 존경할 만하다면 그에게서 배우면 된다. 결코 헛되이 시간을 보낸 사람에게는 자신을 사랑할 기회도, 더불어 행복할 기회도 찾아오지 않는다.

그럼에도 여전히 자신을 존중하지 못하겠는가? 누군가의 험담으로 영원하지 않은 인생의 한 조각을 소모하고 있는가? 어떤 경우에도 다른 사람의 영혼에 당신의 영혼을 맡겨 두지는 마라.

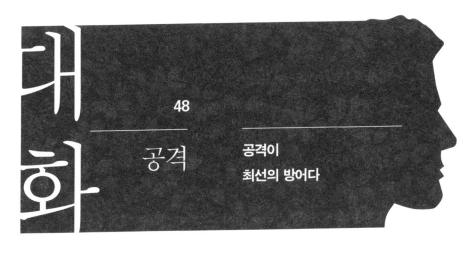

48

공격

**공격이
최선의 방어다**

나는 대학을 졸업하고 경제전문 방송사에 합격해 아나운서가 되었다. 좋은 평가를 받으며 일하던 어느 날, 한참 윗 선배 기자가 안타깝다는 어조로 내게 말했다. "방송 참 잘해. 여기 있기는 아깝다는 말이지. 양악 수술해서 입을 조금 밀어 넣었으면 더 유명한 아나운서가 되었을 텐데."

세상 곳곳에는 이처럼 상대에게 생채기를 남기는 무기들이 지뢰처럼 포진해 있다. 이런 무뢰한들을 만날 때면 어떻게 대처해야만 할까.

> 고양이는 한번에 쥐를 물어 죽이지 않습니다.
> 잡았다 놨다 가지고 놀다가 싫증이 날 때쯤 쥐를 죽이죠.
> 그리고 남들이 다 보는 곳에 버리고 그냥 갑니다.
>
> _ 영화 〈무뢰한〉 중에서

일상의 무뢰한들도 마찬가지다. 한번 말장난 혹은 나의 정체성을 위협하는 언행을 용인하고 나면 또 그래도 되는 줄 안다. 정도는 갈수록 심해져 둘이 있는 공간이 아니라 남들이 다 보고 듣는 공공의 장소도 가리지 않는다. 무뢰한들의 공통점은 비열함이다.

타 방송국에 기상캐스터로 입사한 'ㅎ'이 하루는 내게 울면서 전화했다. "선배, 나 정말 회사 못 다니겠어요. 어제는 모 선배가 제게 뭐라는 줄 아세요?" 그녀의 울음은 분노로 바뀌고 있었다. "옷이 좀 타이트해서 마이크 착용하기가 여의치 않아 시간이 걸렸는데 대뜸 그러는 거예요. '너 원래 가슴이 그렇게 컸냐?'라고요."

그냥 넘길 수 없는 수준이 아닌가. 그러나 입사한 지 얼마 되지도 않은 비정규직 후배는 힘이 없었다. 공론화시켜서 일을 키우는 것이 그녀에게 도움이 되는 일만도 아니었다.

나를 대하는 사람들의 태도는 때로
그들의 특성이 아니라 내 특성에 따라 결정된다.
_샘 혼

현실의 악인들은 영화 속 악당과 달리 끝까지 자신의 잘못을 깨닫지 못한다. 누구도 바로잡아주지 않았거나 영향력을 행사할 만한 사람이 주변에 없기 때문이다. 앞서 면접장에서의 무뢰한을 기억하는가?

성적 농담에 상처를 받은 후배에게 난 같은 방법을 조언해주었다. "앞으로 비슷한 상황이 되면 상대를 지긋이 바라보며 3초동안 말을 하지 마. 상대가 당황하는 기색이 보이는 순간 반문을 하는 거지. 그 사람의 잘못을 정확히 꼬집어서 말이야."

후배는 자신에게 혹여 돌아올 불이익이 두려운 듯 말했다. "어떻게 그렇게 해요. 회사를 떠나지 않는 이상 계속 보고 지내야 하는데요."

상황을 악화시키는 것은 때로 당하는 사람의 태도에 있다. 커뮤니케이션 전문가 샘 혼의 말처럼 상대가 나를 대하는 태도는 내 특성에서 비롯하는 경우가 많다. 잘못이 무뢰한이 아닌 당하는 사람에 있다는 의미가 아니다. 그들은 우리에게 애정을 가지고 행동 하나까지 배려하는 좋은 사람이 아니다. 무뢰한이며 악인이다.

일정 관계가 형성된 사이의 경우, 이를 생각지 못하는 경우가 많다. 악당들은 한줌의 권력일지라도 약자를 향해 가차 없이 휘두른다. 나이가 많든, 직책이 높든, 갑의 입장에 있든 말이다. 공격이 최선의 방어라는 말은 이럴 때 적확하게 들어맞는 격언이다.

몇 날을 고민한 후배는 내 조언을 실행에 옮겼다. "선배, 지난번 하신 말씀 생각해보니 문제의 소지가 있더라고요. 제게든 다른 여성에게든 조심해주셔야 할 것 같아요. 불편한 마음으로 얼굴 마주하고 싶지 않아서 솔직히 말씀드려요."

앞서 면접장에서 남자가 왜 아나운서를 하냐 하던 무뢰한에게 반문을 던진 지원자는 합격해서 오래 방송인으로 활동했다. 후배 'ㅎ'의 뒷이야기도 궁금하지 않은가? 무뢰한은 다시 적당한 거리의 회사 선배로 돌아왔고, 그녀 역시 조직 내에서 인정받으며 자신의 일을 꾸준히 잘 해나가고 있다.

무례함을 저항 없이 받아들이면 무뢰한의 만행은 반복될 가능성이 높다. 공존하기 위해선 관계에서 내가 온전히 서있어야 한다. 평화는 힘의 균형에서 온다.

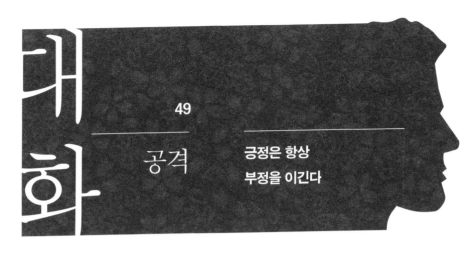

49

공격

**긍정은 항상
부정을 이긴다**

'**외**로워도 슬퍼도 나는 안 울어. 참고, 참고 또 참지 울긴 왜 울어.'

만화영화 〈들장미 소녀 캔디〉의 주제곡 첫 소절이다. 앞서 우리는 참는 게 능사가 아닌 이유를 살펴봤다. 악당이 아니더라도 당신에게 부정적인 프레임을 씌우려는 사람이 있다면 어찌하겠는가? 누군가가 당신을 향해 부정적인 표현을 한다면 그것을 부정하는 순간 의혹은 사실이 된다.

그래서 참으라는 뜻으로 캔디의 노래 가사를 소개했을까? 취업준비생들을 대상으로 강연할 때 아니나 다를까 같은 의구심을 던진 학생이 있었다. "저는 잘 이해가 안 되는데요. 공격이 최선의 방어라면서 상대방의 공격을 부정하지 말라는 건 모순

241

아닌가요?"

> 웃으면서 달려 보자 푸른 하늘,
> 푸른 하늘 바라보며 노래하자.
> 내 이름은, 내 이름은 캔디.
>
> _〈들장미 소녀 캔디〉 가사 중에서

〈들장미 소녀 캔디〉의 교훈은 '인내'가 아니라 '긍정'으로 이루어내는 '극복'에 있다. 인간의 뇌는 무엇을 상상하면 실제로 그렇게 하는 것과 동일하게 느낀다. 같은 차원에서 뇌 스스로는 반대의 것을 떠올리지는 못한다. '부정'할 줄 모른다는 뜻이다. 어떤 것을 상상하지 말라고 하면 오히려 그것을 더 생각하는 것이 그 방증이다. "코끼리를 생각하지 마!"라고 하는 순간 코끼리를 떠올리며, "임금님 귀가 당나귀 귀라는 것을 절대 말하면 안 돼!"라고 들으면 머릿속은 온통 뾰족하니 서 있는 임금의 귀 생각으로 가득 찬다.

"차분히 이야기하자는 건데 왜 흥분하고 그래"라는 상대에게 "내가? 아닌데! 내가 언제 흥분했어?"라고 대응한다거나 "당신은 항상 안 된다고만 해. 왜 가능성을 먼저 보지 못해?"라는 공격에 "내가 매사 부정적이면 세상은 다 비관론자들만 있겠네!" 하는 순간 당신을 향한 편견은 사실이 된다. 내가 아무리 아니라고 해도 매사 감정을 조절하지 못하고 일상이 부정적인 사람으로 낙인찍히고 만다.

> **오래된 것을 지키려다가는 새로운 것에 대응하지 못한다.**
> **즉, 지키면 공격하지 못한다.**
> _ **모리카와 아키라, 《심플을 생각한다》 중에서**

　방어에 급급하다 보면 결과적으로 상대의 주장과 논리가 사실로 굳어진다. 앞서 내 논리에 반박했던 학생은 여전히 이해할 수 없다는 듯 물었다. "그렇다면 상대방의 이야기에 맞받아 공격하는 것도 감정적인 대처 아닌가요?"

　답을 대신해 모리카와의 말을 이렇게 바꿔 보면 어떨까. '상대 의견에 아니라고만 하다가는 공격할 기회를 잡지 못한다'라고 말이다. 부정적 인식의 공격에 맞서 전세를 역전시킬 세 단계를 소개한다.

　첫 번째 단계, 상대방의 질문을 부정하지 말고 그대로 되묻는다. "내가 대화 중에 흥분했나요?" 혹은 "내가 매사 안 된다고 했나요?" 같이 말이다. 목소리는 차분하게 명확한 질문의 억양을 취한다. 이는 두 가지 효과를 기대할 수 있다. 하나는 격앙된 나의 감정이 가라앉고 여유를 갖게 된다. 다른 하나는 상대방이 그렇게 말하는 이유를 찾는 동안 내가 할 말을 정리할 수 있다.

두 번째 단계, 갈등의 시점에서 벗어나 미래에 초점을 맞춘다.

자신에게 덧씌워진 부정적 프레임의 덫을 벗어나는 방법은 앵커링 anchoring 에 있다. 쉽게 말해 배가 닻을 내리듯 '대화의 방향과 시점을 다른 곳으로 옮긴다'는 뜻이다. 현재의 '내'가 아닌 미래 시점의 '우리'로 말이다. "그렇게 생각하신다면 다음 주 있을 프레젠테이션 이후에 다시 이야기하시죠!"와 같이 말이다.

세 번째 단계, 서로를 위한 구체적인 행동을 제시한다.

인간의 뇌는 반대를 생각하지 못한다고 했다. 사안을 부정하는 선에서 대화가 끝나면 상대의 뇌는 긍정으로 받아들이고 만다. 시점을 옮겨 뒀으면 구체적인 행동을 제시해 그것을 인지시켜야 한다. "발표 이후 반응을 보고, 부족한 부분이 그때도 느껴지시면 제가 직접 고객들을 만나 설득하겠습니다."

언론의 부정적인 제품 기사에 대처하는 기업들의 대응 유형 연구가 이를 지지해준다. 제품의 부정적 측면을 공격하는 언론 보도에 반박하기보다는 개선책을 제시하는 보도자료를 내는 것이 매출 회복과 이미지 개선에 긍정적이었다. 시점은 보도 직후보다는 한번 열기를 내릴 정도의 시간차를 두었을 때 효과적이었다.

사춘기에 접어든 조카와의 갈등에 힘겨워하는 누나가 어느 날 내게 물었다. "하지 말라는 것만 골라서 해. TV 보고 휴대전화 끼고 살고. 하라는 공부는 뒷전이라니까. 셋이 다 그 모양이니 어쩌면 좋아."

어릴 적 귀엽던 조카 셋이 어느새 집안의 골칫거리로 전락하는 듯했다. 적어도 누나가 계속 "그러는 거 아니라고 했지!" 또는 "그만하라고 했어!"라며 아이들의 행동을 부정하기만 한다면 영락없이 그렇게 될 분위기였다.

교육 문제는 민감한 사안이라 함부로 조언할 수 있는 부분이 아니다. 나는 앞선 세 가지 원칙에 따라 이렇게 해보라고 권했다. "하지 말라고 하지 말고, 앞으로 할 수 있는 걸 제안해 봐. '이제 저녁 먹고 숙제할 시간이야. 다 하고 나면 게임을 더 해도 좋아' 혹은 '드라마 끝났으니 오늘 분량 문제집 풀자. 그래야 내일 드라마 보여줄 거야. 못 보면 궁금하겠지?'라고 말이야."

희망이 없다고 말하면 희망이 없다고 확신하게 된다. 행복을 스스로 만들지 않고 찾으려 헤맬수록 아까운 시간만 흘려보낼 뿐이다. 부정적 공격을 참으면 그것을 수용하는 것이 되며 아니라고만 한다면 그것을 자인하는 것과 같다. 부정적 상황과 부당한 공격에 맞서 우리가 할 수 있는 최선은 스스로 긍정적인 미래를 만들어가는 것뿐이다.

시간차 공격의 효용성

배구에 '시간차 공격'이라는 것이 있다. 공격할 타이밍에 맞서 네트 위로 벽을 세우는 상대 블로킹을 효과적으로 깨는 방법이다. 상대가 막으려고 떠오르는 타이밍에 공격하면 우리 진영으로 공이 떨어질 확률이 높다. 그러니 점프의 정점에서 내려오는 타이밍에 공격해 블로킹을 피하거나 블로커에 걸리더라도 터치아웃(라인 밖으로 나가는 것)이 될 가능성을 높이는 방법이다.

누군가의 공격에 맞서 반격하고 싶은 마음이 치밀어 오르거나 후끈 열이 올라 이성이 흔들린다면 속으로 셋까지 세라. 하나, 둘, 셋 하는 타이밍에 정확히 상대의 실언을 되물어라. 차분하고 느릿한 어조로 말이다.

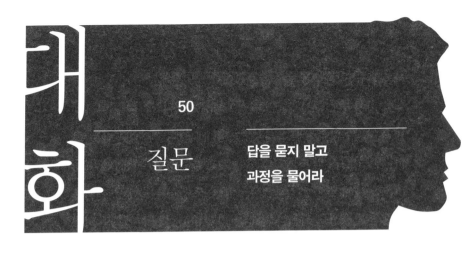

50

질문　　　답을 묻지 말고
　　　　과정을 물어라

일상의 대화를 자연스럽게 이어가지 못하는 가장 큰 이유는 첫 질문에 있다. 대부분 이렇게 말문을 열기 때문이다. 학교에서 돌아온 아이에게 "공부 열심히 했어?", 월요일 만난 직장 동료들에게 "주말에 잘 쉬었어?", 오랜만에 마주한 지인에게 "별일 없었지?"라거나 심지어 "잘 살았어?"라고 말이다. 모두 하나의 답이면 족하다. "응!"

스스로에게 하는 질문이 미래를 열어주듯 당신이 던지는 질문이 대화와 관계의 방향을 결정한다. 답을 정하고 묻는 질문에는 힘이 없다. 심리학에서 말하는 '닫힌 질문'은 토론에서 흔하게 목격된다. 상대를 향하는 그들의 질문은 대개 이런 식이다. "후보님은 지역민들을 위해 고속도로를 건설한다고 하셨지만 예산이 없어 불가능하죠?" 혹은 "지난 4년 동안 의원을 하시면서 이뤄놓은 게 아무것도 없잖아요?"

비단 선거에 나선 후보들만의 이야기가 아니다. 범죄 혐의자에게 "묻는 말에 '예, 아니요'라고만 대답해! 알았어?"라는 형사는 혐의점을 피할 기회를 주는 것과 다름없다. "What do you do(뭘 어떻게 한 거야)?"와 같은 '열린 질문'이 진술에서 단서를 노출할 가능성을 키운다. 범인은 범행과 관련한 이야기는 피해 가려고 필요 이상의 말을 할 것이기 때문이다.

> **가장 중요한 것은 질문을 멈추지 않는 것이다.**
> **신성한 호기심을 절대 잃지 마라.**
> _ 알베르트 아인슈타인

소크라테스는 청년들을 가르치기보다는 토론을 통해 스스로 진리에 다가설 수 있게 도왔다. 인간사에 누구나 답할 수 있는 정답이라는 것이 없다는 점을 강조한 것이리라. 모두에게 같은 질문을 하면서 우주만큼 다양한 사람들의 마음에 다가서기를 바라는 것은 어불성설이다.

누군가를 사랑하기 시작하던 자신의 모습을 떠올려 보자. 열정이 넘치다 못해 차올라 호수와 바다를 이루던 시절 말이다. 우리 안에는 분명 사랑하던 날들의 기억이 남아있다. 그리고 그 기억은 함께 이룬 성과물이 아닌 서로 사랑을 만들어가던 과정에 초점이 맞춰져 있다.

관계의 초기, 서로 간의 대화를 풍성하게 하는 것은 '호기심'이다. 서로를 탐색하고 알아가는 단계에서는 사소한 것도 의미가 되며 일상적인 말이 시가 되기도 하고, 사랑하는 이의 목소리는 질리지 않는 스탠다드 재즈처럼 귀에 감긴다.

이것이 가능한 이유는 결국 상대에 대한 '관심'이다. 관심을 둔 이의 말은 마치 책을 읽으며 좋은 구절에 밑줄을 긋듯 머릿속에 키워드로 떠오른다. 또한 관심은 '발견'으로 이어진다. 아인슈타인처럼 인류에 기여하는 발명까지는 아니더라도 상대의 마음을 얻고 당신의 삶을 구원할 발견은 충분히 해낼 수 있다.

'뉴스 & 이슈'라는 프로그램을 7년 6개월에 걸쳐 1,200여 회 진행했었다. 매일 한 시간씩 정치 시사를 다루며 내가 던진 질문들은 셀 수 없이 많다. 친구들이 내게 묻곤 했다. "그거 다 작가가 써주는 거지? 프롬프터가 있지?"

그러면 나는 이렇게 대답했다. "작가의 원고는 기본적인 현상과 사실에 입각한 경우가 대부분이야. 출연자가 어떤 이야기를 할지 예상할 수 없으니 참고 정도의 내용이지. 결국은 출연자와 대화한다고 생각하고 진행해."

하루는 심장 전문의가 출연했다. "심장 질환이 있는 환자들은 이런 증상을 보입니다. 숨이 가쁘거나 긴장한 듯 벌렁거림이 있거나 간혹 바늘로 찌르는 것 같은 통증을 느끼기도 합니다."

출연자가 풀어놓은 긴 이야기의 핵심 문장이었다. 여기서 '숨

가쁨', '벌렁거림', '통증' 이렇게 세 단어를 적어 두었다가 질문했다. "마치 사랑을 느끼는 사람의 증상과 묘하게 비슷하네요? 사랑하는 이 앞에서는 가슴이 뛰고 간혹 벅차오르기도 하고 연인 때문에 가슴통을 느끼기도 하니까요."

다소 당황한 기색을 보인 출연자는 원고를 벗어나 말을 이었다. "그래요! 사랑. 그래서 심장을 하트에 비유하는지도 모르겠네요."

"안 보는 사이에 좋은 일들 많았나 봐. 표정이 정말 밝아졌는데?"라고 선택지를 열어놓으면 대화는 풍성해진다. 학교에서 돌아온 아이에게 "학교에서 오늘은 어떤 일들이 있었어?"라고 해보자. 오랜만에 마주한 친구에게 "어디, 그간 어떤 일들이 있었는지 이 형님에게 한번 풀어놔 봐"라고 해보자. 과정을 묻고 그 과정에서 느낀 것을 되물으며 대화의 꼬리를 늘려가자. 질문이 바뀌지 않으면 상황은 달라지지 않는다. 당신의 질문이 관계의 새로운 문을 열어준다.

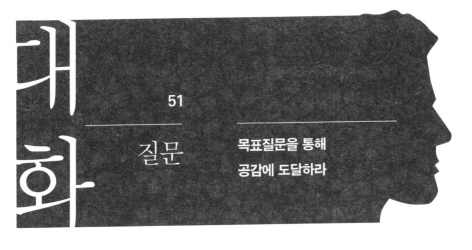

51

질문

**목표질문을 통해
공감에 도달하라**

심리치료사들의 상담기법 중 '기적질문miracle question'이라는
것이 있다. 예를 들면 이런 식이다. "밤에 곤히 잠이 들
었습니다. 그리고 자는 동안 기적이 일어나 지금 겪고 있는 모
든 문제들이 말끔히 해결되는 겁니다. 당신은 아침에 눈을 떠
'어제까지 고민하던 문제들이 완전히 사라졌어!'라고 외칩니다.
문제가 해결되었음을 알 수 있는 '최초의 신호'는 무엇인가요?"

어느 책에선가 이 구절을 읽고 나는 유레카를 외쳤다. "그래,
이거야! 이것이야말로 과정을 물어 답을 향해가는 현명한 첫걸
음 아닌가."

심각한 중독이나 우울증과 같은 문제에 직면한 이들이 작은
변화에 집중하게 하는 방법이다. 최초의 신호를 묻는 것은 그것
이 구체적이고 해결가능한 것들이기 때문이다. 실현가능한 가

장 작은 것이 무엇인지를 서로가 공유하기 위해서다. 아무리 큰 문제도 그것에서부터 출발한다는 의미다.

나에게 던지는 질문과 상대에게 던지는 질문이 미래의 모습을 결정한다. 변화를 원하는 상대에게 던지는 질문이 처음부터 완결된 해결을 요구한다면 어떻겠는가? 우리는 앞서 자신의 신념에 집착하는 인간 본성을 살펴봤다. 나의 의견에 동의를 구하는 과정이 얼마나 지난한지도 충분히 설명했다. 작은 질문을 통해 우리는 상대의 욕구를 엿볼 수 있다. 그리고 목표를 위해 가장 먼저 시작해야 할 것이 무엇인지 단서를 찾을 수 있다. 그런 의미에서 이를 '목표질문'이라고 칭하겠다.

어느 해인가 금연을 위한 모임에 이를 독려할 강사로 초청받았다. 상식적으로 그들이 원하는 것은 담배를 끊는 것이다. 그들의 생각이 궁금해서 내가 이렇게 물었다. "여러분 혹시 알고 있습니까? 담뱃값이 5천 원으로 인상되면서 여러분이 1년에 내는 세금도 100만 원 이상 올랐다는 것을 말이죠. 어떻게 생각하십니까?"

그러자 한 청중이 말했다. "이 정부는 해주는 것도 없으면서 세금 뜯어 갈 생각만 한다니까!"

또 다른 참가자가 덧붙였다. "국민에게 금연하라고만 하지, 국가가 운영하는 담배 회사는 그대로 두는 걸 보면 흡연하는 사람들이 오히려 반가운 거 아니야?"

금연을 하고 싶어 모였지만 그들은 담배를 피우는 것이 본인 선택이 아닌 듯 말하고 있었다. 그들에게 다시 물었다. "그렇다면 여러분은 국가 세금으로 운영하는 금연 클리닉이 있다는 사실은 아시나요?"

금연 클리닉의 예산이 매년 남아돌지만 금연을 희망하는 이들은 존재조차 모르고 있었다. 물론 국가의 홍보 부족이나 세금 인상에 대해 비판하는 시각이 있을 수 있다. 금연을 하겠다는 공감대가 실제 행동으로 이어지지 않는 문제가 더 컸다. 담배세가 오르고 그중 일부는 금연 클리닉을 운영하는 데 쓰인다. 그런데 정작 본인들은 금연에 대한 의지도, 클리닉을 활용할 생각도 없다. 그런데도 여전히 강연에 참석한 사람들의 목표는 금연이었다.

나는 빈 종이를 나눠주고 다음 질문에 답을 적게 했다. '오늘 밤 여러분은 깊은 잠에 들 겁니다. 그리고 자는 동안 저절로 담배를 끊게 됩니다. 여러분이 내일 아침 눈을 떠 금연에 성공했음을 알 수 있는 최초의 신호는 무엇인가요?' 몇몇 참가자에게 직접 말해주기를 부탁했다.

그러자 여러 답변이 나왔다. "우선 목구멍이 개운하겠죠. 아침이면 들끓은 가래에 영 불편하거든요", "몸이 가벼울 거 같아요. 머리가 한결 가벼워질 테니", "더운 여름이나 추운 겨울 밖으로 담배를 피우러 나가지 않아도 되겠군요", "집사람하고 모닝커피를 마실 거 같아요. 아마 모닝 키스도?"

목표질문에 앞서 당신은 다음 세 가지 질문에 명확한 답을 갖고 있어야 한다.

첫째. 대상이 현재 관심을 가진 주제는 무엇인지 정확히 아는가?

둘째. 상대는 관련 주제에 대해 어느 정도의 열정을 가지고 있는가?

셋째. 그 열정에 불을 지피기 위해 당신은 어떤 가치를 보여줄 것인가?

명확한 답을 구하기 힘든 때를 위해 하나의 힌트를 주겠다. 그것은 '꿈'과 '행복'이다. 적어도 꿈을 이루거나 행복해지려는 의지는 누구에게나 있지 않겠는가.

POSTSCRIPT

목표질문에 대한 답을 듣고 이어진 강연 내용은 다음과 같았다.

"2015년 담뱃값 인상으로 국민건강증진 부담금의 수입도 증가했습니다. 이에 따라 국가의 금연 지원 서비스와 금연 클리닉 운영 예산도 크게 늘었는데요. 그러나 보건소 금연 클리닉 등록자는 변화가 없었죠. 담뱃세 인상 시점에 고작 1.3배 증가했습니다. 더 충격적인 이야기를 전해드릴까요? 보건소 금연 클리닉에 등록한 사람들조차 금연성공률은 오히려 매년 하락하고 있습니다. 과연 국가의 정책이나 보건소 금연 클리닉의 홍보 부족 때문일까요? 여러분은 정말 담배를 끊고 싶은 게 맞나요? 그렇다면 지금 당장 보건소로 달려가 금연 클리닉에 등록하십시오. 그리고 꼭 담배를 끊어 여러분이 목표질문에 답한 것을 실현하시기 바랍니다."

품격

6장

세상을
이롭게 하는
관계의 격률

品

品格

一

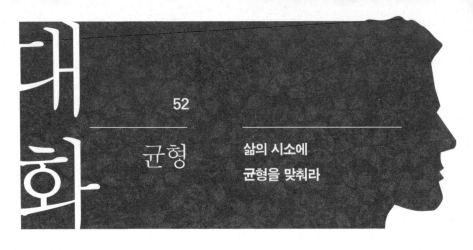

가끔 저녁을 함께 먹는 후배 'ㅇ'과 대화 중에 나온 이야기다. "○○ 식당이 잘되어야 할 텐데 말이에요. 지난해에는 사기까지 당해 더 어려웠다던데 오늘 거기 가서 저녁 먹을까요?"

내가 웃으며 가볍게 대답했다. "우리 상황도 녹록치 않은데 그것까지 생각해? 그래, 조금 비싸지만 오늘은 그 가게에서 저녁 먹자."

그는 이타심이 강하고 늘 관계를 중심에 놓는 성정을 가졌다. 당사자에게 이는 결코 좋은 것만은 아니다. 때로는 그 때문에 자신의 시간과 에너지를 필요 이상으로 쓰기 때문이다. 아니나 다를까. 하루는 천사의 친구라고 해도 지나치지 않을 'ㅇ'이 불평을 내놓았다. "내가 정말 다시는 잘해주지 말아야. 그 아이는 아웃이에요!" 화가 단단히 난 모양이었다.

내가 그녀에게 조언했다. "우리 둘 다 자신을 먼저 생각할 필요가 있어. 이제 좀 이기적으로 살자!" 나도 말은 이렇게 했지만 우리는 그럴 수 있는 사람들이 아님을 서로가 안다.

> **다이어트는 체중을 잃는 것이 아니라**
> **새로운 삶을 얻는 것이다.**
> _ 다이어트 명언

살을 빼는 일은 어렵다. 하지만 살을 빼고 운동을 해서 외적으로 체력적으로 자신감이 생기면 일상의 일들도 잘 풀려나간다. 관계도 크게 다르지 않다. 앞선 미상의 표현을 '거절은 사람을 잃는 것이 아니라 새로운 삶을 얻는 것이다'라고 바꿔도 무방하다. 타인을 먼저 생각하는 태도와 나의 마음을 지키기 위한 노력 사이의 균형은 다이어트와 같다.

나이가 들수록 쌓여온 인간관계도 참석해야 할 자리도 적지 않다. 그러나 우리의 에너지는 점점 줄어들지 않는가. 버릴 것과 취할 것을 선택해야 한다.

관계에서 우리가 사용하는 에너지의 양을 하루 24라 생각해보자. 이중 자신을 위해 사용하는 비중은 과연 얼마나 되는가? 출퇴근에 시달리고 회사 업무에 치이고 저녁에 집에 돌아와 아이들을 돌보며 대부분의 에너지를 쓸 것이다. 워킹맘인 'ㅇ'과 대화에서 차분히 들어주려고 대화의 공백을 만드는 이유도 거기에 있다.

하루는 그녀가 관계의 그물에서 허우적대는 모습이 안쓰러워 물었다. "일주일에 오롯이 너를 위한 시간이 있기는 해?"

한숨 섞인 그녀의 답이 돌아왔다. "아이 재우고 맥주 한 캔 마시는 정도요? 그마저도 다음날 아침에 일정이 있으면 참죠."

내가 카페의 냅킨을 펼치고 이렇게 제안했다. "같이 적어 보자. 너의 에너지를 관계 속에서 어떻게 사용하고 있는지! 마치 시소 좌우에 올라앉듯이 말이야."

오롯이 나의 시간	해야만 하는 일의 시간
출퇴근 운전 중 음악 듣기	다음 프로젝트를 위한 업체 미팅
아이가 학교 간 사이 쉬기	선후배 회식
간혹 운동	학부모 모임
	친구, 후배들 고민 들어주기
	시댁, 친정 식구들 경조사 챙기기

어떤가? 삶이란 원래 모두가 고단한 것이라고 했던 쇼펜하우어의 아포리즘을 가져다 놔도 위로가 되진 않는다. 시소란 좌우가 오르락내리락하며 서로 즐거움을 느끼는 놀이기구다. 돌덩이를 올린 듯 바닥에만 있거나 덩그러니 공중에 뜬 채 머물러 있는 삶이 재미있을 리 만무하다.

누구에게나 현실의 다양한 과제들을 미뤄 두고 자신을 위해 쓸 시간이 필요하다. 고민과 문제들에게서 잠시라도 자유로울 수 있어야 한다. 먼저, 나를 위한 우선순위를 정하고 그를 침범하는 것들을 덜어내는 데 익숙해져야 한다. 영화배우 톰 로빈스가 대칭과 균형을 혼동하지 말라고 한 것처럼 균형 잡힌 삶이란 대칭을 의미하지 않는다. 삶에 균형을 위해 내가 잊지 않는 다섯 가지 다짐을 소개한다.

1. 기울어진 시소에서 어느 쪽에 더 힘을 실을지 정리한다.
2. 새로운 균형을 잡을 준비가 됐다면 무엇을 덜어낼지 정한다.
3. 변화된 균형에서 불거지는 반발을 어떻게 잠재울 수 있을지를 고민한다.
4. 자신을 위한 일이 일탈이든 미친 짓으로 평가받든 일단 시작한다.
5. 일상의 미세한 눈금 조정을 통해 새로운 균형에 익숙해진다.

"팔자 좋은 소리 하고 있네. 아이 낳고 키우며 일까지 해야 하는데 그게 가능하겠어?" 혹은 "집에 가면 할 일이 천지인데 그걸 지금 조언이라고 하는 거야?"라고 말하고 있는가? 그럴지도 모른다. 그러나 분명한 것은 당신이 변하지 않으면 상황은 아무것도 달라지지 않는다는 점이다. 내 삶이 불행하다면 당신의 배우자와 아이들 그리고 부모도 행복할 수 없다. 그런 시소는 재미없어 누구도 함께 타려고 하지 않을 것이다.

시소는 데칼코마니 같은 좌우 대칭을 필요로 하지 않는다. 저울의 추처럼 몸무게가 같은 사람만을 위한 놀이기구가 아니다. 한쪽이 무게가 더 나간다면 바닥에서 힘차게 땅을 박차주면 된다. 그렇게 자신을 띄워 상대를 내려주는 것이다.

삶의 시소에 함께 올라앉았다면 땅을 박차고 오르는 정도의 노력은 해줘야 하지 않겠는가.

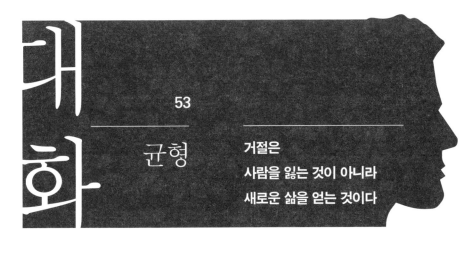

균형

거절은
사람을 잃는 것이 아니라
새로운 삶을 얻는 것이다

비슷한 상황의 고민을 털어놓은 후배 'ㅊ'에게 앞선 조언을 해줬더니 역시나 반발했다. "선배야 아직 혼자인데다 직급이 있으니 가능하죠. 여유롭게 내 시간을 가질 수 있을 거 같아요? 갖은 집안 행사에 꼭 참석할 회의며 미팅과 모임까지. 마지못해 끌려 다닐 수밖에 없다고요."

정도의 차이지 누구나 같은 상황에서 어쩔 수 없이 선택을 강요받는다. 자신의 원칙을 가지고 적극적으로 실천해볼 이유가 여기에 있다. 'ㅊ'의 분노는 스스로도 거절을 통해 삶의 시소에 균형을 맞추고 싶은 소망이 크다는 반증일 것이다. 언제까지 흡혈귀에게 피를 빨리듯 나의 에너지를 소진시키는 과정을 반복할 순 없다.

네 안에 가득 차 있는 거, 네 안에 가득 차 있는 두려움, 두려움, 두려움!
맞아 본 자의 두려움 말이야. 그걸 깨부셔 버려야 해.

┃ _영화 〈싸움의 기술〉 중에서_

다양한 음식 프로그램을 보면 자주 등장하는 말이 있다. "아
는 맛이라 더 못 참겠어!" 삭힌 홍어를 먹어 보지 않은 이들은
홍어를 보고 군침을 삼키지 않는다. 자라에 물려 보지 않은 사
람은 솥뚜껑을 보고 놀랄 일이 없다.

영화 〈싸움의 기술〉 속 명대사처럼 폭력에 길들여지는 것이
무서운 이유는 극도의 두려움을 마음에 심기 때문이다. 벗어나
기 위해서는 맞았을 때의 고통에서 자유로울 수 있어야 한다.
하지만 그게 어디 쉽겠는가?

사람들이 '거절'하기 어려워하는 것도 마찬가지다. 거절이 가
져오는 두려움 때문이다. 거절에도 고통이 따른다. 캘리포니아
주립대학의 나오미 아이젠버거 박사는 논문 '거절을 당하면 상
처를 받을까?'를 통해 이를 지지하는 연구 결과를 발표했다. 조
직 내에서 배제되고 거절당하는 상황은 인간에게 고통을 느끼
게 한다는 것이다. 실연의 아픔으로 '가슴이 찢어지는 고통'을
가져오는 것과 같다. 실제로 신체적인 고통을 처리하는 뇌의 부
위와 거절당했을 때 활성화되는 뇌의 부위가 일치했다고 한다.

'거절당하는 일'과 '거절하는 일' 모두 두려움을 준다는 것을
우리는 경험을 통해 알고 있다. 두려움의 원인을 나는 크게 두

가지로 본다.

하나, 단호한 거절이 어려운 이유는 스스로가 '좋은 사람'으로 남고 싶은 본능 때문이다.

이는 상대와 멀어질지 모른다는 '막연한 두려움'이 바탕에 깔려 있다. 사람들은 거절하면 상대가 나를 싫어할 거라고 생각한다. 거절을 당한 상대는 이후 나에 대해 나쁜 평판을 형성하려 들 것이고, 그러면 나는 조직 내에서 소외되거나 심지어 방출될지도 모른다는 두려움이 엄습할 것이다. 실제로 인류의 유전자에는 부족 내에서 추방되어 홀로 야생에 내팽개쳐지는 것에 대한 두려움이 남아있다는 주장도 있다.

일리 있는 말이다. 문명이 발달하기 전 원시 인류는 호시탐탐 그들을 노리는 야생동물로부터 서로 힘을 합쳐 대응해가며 생존했기 때문이다. 또한 서로 협동해 과일을 채집하고 사냥해야 살아남을 수 있었다. 즉, 무리에서 내 쫓기는 것은 결국 죽음을 의미했다.

둘, 거절이 힘든 또 다른 이유는 거절당할 상대방을 염려하는 '측은지심' 때문이다.

인지상정이나 역지사지는 '내가 겪어 봤더니 아프더라'는 경험에서 나오는 측은지심(惻隱之心)에서 비롯한다. 다른 사람이 겪을 불행에 대해 걱정하고 슬퍼하기까지 하는 마음을 뜻한다. 이

는 인간이 가진 세포 중 하나일지 모른다는 '거울신경_mirror neuron_'
과도 연관이 있다. 칼에 베어서 피를 흘리는 영화 속 장면에 사람들은 얼굴을 찡그린다. 칼에 베이는 고통을 겪어 봤기 때문이다. 같은 이치로 거절을 당하고 고통을 받아 본 사람은 '내가 저사람의 부탁을 거절하면 분명 낙심하고 힘들지 몰라'라고 걱정하게 된다.

선택에는 본인의 가치관과 취향 그리고 사회적 환경과 문화가 영향을 미친다. 그중 가장 큰 영향을 끼치는 것이 관계다. 다양한 관계 속에서 상대의 바람이나 부탁을 들어주는 것이 꼭 서로를 위하는 것이 아닐 수도 있다. 기꺼이 그것을 받아들이고 충분히 응해줄 수 없다면, 서로가 행복하지 않다면, 이는 건전한 관계가 아니기 때문이다.

완벽한 균형이란 애초에 불가능하다. 시소 타기가 즐거우려면 좌우 대칭이 아닌 박자에 맞는 발 구름이 필요하다. 모든 가족구성원의 행복과 사회생활에서의 자기만족 그리고 온전한 자아의 성장을 같은 무게로 맞출 수 있는 사람은 없다.

등가의 균형을 잡으려는 노력에서 자유로워져야 한다. 스스로의 욕망을 인정하고 관계 속에서의 역할과 조화를 이루기 위한 방법을 찾아야 한다. 두려움 속에 자신을 방치하지 마라.

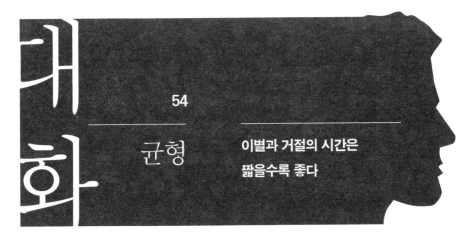

거절하지 못하고 어떻게 해서든 관계 속에서 좋은 결실을 내려고 애쓰는 후배에게 위로의 말과 함께 나는 다음 네 가지 방법을 차분히 들려주었다.

1. 약속에 앞서 "잠시만, 일정을 좀 볼게" 하고 시간차 두기

약속에 앞서 우리가 할 일은 우선순위를 정하는 것이다. 상대방의 서열을 뜻하는 것이 아니다. 당신 삶의 일정에 따라 약속의 순번을 정할 수 있어야 한다. 이는 상황과 때에 따라 다를 것이다. 예를 들어 최근 내 약속의 우선순위는 가족과 함께하는 일정들이다. 약속을 거절하거나 미룰 때는 막연한 표현을 피한다. 자칫 며칠 지나지 않아 같은 거절을 다시 해야 할지 모르기 때문이다. 이런 상황은 서로에게 불편한 감정만을 남긴다.

한국인이 가장 자주 하는 허언은 "언제 밥 한번 먹자"이다. 누군가 밥을 먹자고 한다면 이렇게 해보자. "당분간은 여유가 없을 것 같아. 송년회 겸 연말에 다시 연락해서 약속 잡자."

2. 부탁을 받았을 때 "난 어려울 것 같아. 대안을 고민해보자"고 하며 우선 거절하기

'부탁'이라는 단어에는 '일을 맡기다'는 뜻도 포함된다. 일단 받아들이고 나면 내가 해야 할 일이 된다는 의미다. 일에는 책임이 따른다. 제대로 하지 못한다면 오히려 타박이 돌아오거나 사과해야 하는 당혹스러운 상황을 맞게 된다. 자신의 것이 아닌 것을 탐하지 않듯이 당초 자신의 일이 아닌 것을 받아들이는 데는 신중함이 필요한 이유다. 내가 해결할 수 있다는 자신감은 가족을 위해서나 필요하다.

'남의 일을 내 일처럼 한다'는 표현이 있다. 그렇게 할 수 없다면 함께 대안을 찾아주려는 노력으로 충분하다. 남의 일에 나서서 조언하는 것이 오지랖이라면 해결할 능력 없이 덜컥 맡고 나서는 깔고 앉아 시간을 죽이는 일은 잘못이다.

3. 명확히 거절의 이유 밝히기

간혹 거절하는 법을 배우는 것이 거짓말이나 변명하는 기술을 터득하는 것으로 오해하는 사람들이 있다. 거절에 앞서 장황한 설명을 하고 있다면 스스로가 그런 사람은 아닌지 의심해볼만

하다. 평화로운 이별은 없듯이 완전히 유쾌한 거절이란 있을 수 없다. 거절의 이유를 찾을 수 없다면 어떻게 하냐고?

두 번째 책을 출간하며 몇몇 분에게 추천사를 부탁했다. 고맙게도 손을 잡아주신 분도 있지만, 완곡히 거절한 분도 못지않았다. 그중 가장 좋았던 거절 문자는 이렇다. '저는 지난 수개월 동안 수백 권의 책 추천사 요청을 받고 있습니다. 이런저런 인연으로 부탁이 들어오지만 도저히 다 해드릴 수가 없어서 책 추천사는 일체 안 쓴다는 원칙을 어쩔 수 없이 정해놓고 따르고 있습니다. 널리 양해 바랍니다.' 이렇게 솔직한 원칙을 세우고 당당히 말하자. 거짓말을 하는 것이 문제지 거절은 잘못이 아니다.

4. 상대의 마음 헤아리기

공존은 나의 곁을 내어주는 것이다. 지하철 좌석을 떠올려 보자. 만원 지하철은 다소 불편하고 때로는 부담스럽다. 그럼에도 덜 고되기 위해선 서로가 규칙에 따라야 한다. 다리를 벌리고 앉는다거나 큰 소리로 통화하거나 음식물을 먹어서는 안 된다.

우리가 거절의 규칙을 정리하는 것도 마찬가지다. 모든 약속에 응하고 만인의 부탁을 들어줄 수만 있다면 그럴 필요가 없다. 그러나 만만한 사람이 되지 않기 위해서 친절한 사람이 되기를 포기하라는 말은 아니다. 거절하는 태도와 말투 그리고 표정은 얼마든지 상대의 서운한 마음을 다독일 수 있다. 비언어적 요소의 효용성은 잘생기고 예쁜 사람에게만 해당하는 건 아니라는 뜻이다.

결혼해서 행복한 가정을 꾸리고 있는 줄만 알았던 여자 후배 'ㅂ'이 어느 날 이혼했다며 연락이 왔다. 평소에도 한 번 입을 떼면 속사포로 말을 쏟아내는 친구였는데, 울분에 찬 그녀의 말은 끝날 줄 몰랐다. "매주 주말마다 시댁에 가야 했어요. 나들이가 어려운 주는 저녁이라도 함께 먹어야 했죠. 그게 말이 돼요? 한 달에 한 번도 아니고 매주 주말마다요." 시댁과의 갈등이 원인이었다.

내가 그녀에게 물었다. "왜 매번 거절하지 못했어? 남편을 통해서라도 힘들다고 사정해보지 그랬어." 앞선 이유로 이혼했다면 너무 안타까운 일이 아닌가. 쉽게 답을 내릴 수 없는 민감한 문제다. 듣는 사람마다 해법도 각가지일 테다. 확실한 한 가지는 사랑하는 가족을 불행하게 할 만큼 절대적 우위를 가진 일이란 없다는 것이다.

최악의 거절은 상대에게 '이기적'인 사람으로 비춰지는 것이다. 전후좌우 사정 따위는 듣지 않고 무조건 'NO'를 외치는 사람으로 낙인찍히면 관계를 회복하기는 힘들다. 그러나 그보다 더 최악은 항상 사람과 관계에 휘둘리는 삶을 사는 것이다. 세상 단 하나의 공정한 가치는 오직 '시간'뿐이다. 나의 시간을 허비하는 것과 상대의 부탁을 거절하는 것, 둘 중 어느 것을 선택하겠는가? 자신을 앞에 두고 상대의 마음까지 가 닿을 수 있는 배려가 있다면 충분히 이상적인 거절도 가능하다.

행복하냐는 질문에 대해 '네'라고 말할 수 있으려면 당신의 시간을 뺏고 당신의 정신 건강에 부정적 영향을 미치는 일과 사람들을 향해 '아니요'라고 말할 수 있어야만 한다.

POSTSCRIPT

거절에 친절이라는 옷을 입혀라!

'구르는 돌에는 이끼가 끼지 않는다'라는 명언을 남긴 로마의 작가 푸블릴리우스는 '거절에 친절함을 갖추는 것만으로 상대에게 이미 선물을 한 셈'이라고 했다. 거절에 있어 마지막으로 겸해야 할 하나의 원칙이 있다면 친절함이다. 거절받는 상대는 '사안'이 아니라 '자신'이 부정당했다고 느낄 가능성이 높기 때문이다. 친절하게 말하기를 기억하는가? 거절의 초점을 명확히 밝혀야 한다. 예를 들면 이렇게 말이다. "제가 할 수 있는 능력 밖의 일이네요. 다음에 함께 할 수 있도록 저도 더 애써 볼게요."

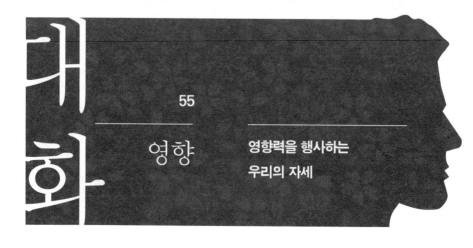

55

영향 　　영향력을 행사하는
우리의 자세

세 상에는 두 가지 유형의 사람이 있다. 하나는 자신의 일을 사소한 부탁의 형식으로 타인에게 전가해 부정적인 영향을 행사하는 사람이다. 다른 하나는 부탁하거나 영향력을 행사하는 것이 신경 쓰이고 불편해 오로지 홀로 해결하려고 드는 사람이다.

살다 보면 영향력을 행사하고 싶은 순간이 있다. 예를 들어 좋아하는 사람의 마음을 얻는 것이 그렇다. 나에게 호감이 있는지 없는지를 타진하기 위해서는 어떤 제안이든 부탁이든 그에게 내 영향력을 미쳐야 하는 때가 있다. 이렇게 묻는 이가 있을 것이다. "그럼 어쩌라는 건가요? 남의 부탁은 단칼에 거절하고, 내가 부탁할 것은 당당히 요구하라는 말인가요? 그건 너무 뻔뻔하지 않아요?"

> **당신의 힘으로 얻을 수 있는 것을 남한테 부탁하지 마라.**
>
> _ 미구엘 세르반테스(소설가)

누구나 감기처럼 사랑에 빠지고 모두가 그것이 주는 달콤한 열병에 들뜨곤 한다. 사랑이란 서로의 영향력을 조건 없이 자연스럽게 받아들이는 예외적 상황이다. 일상에서 우리가 영향력을 행사해야 하는 경우는 대부분 이익과 밀접하게 연관되어 있다. 내가 필요해서다. "이건 당신을 위한 부탁이에요"라고 말할 수 있는 상황이란 것이 얼마나 되겠는가. 사랑조차도 결국은 나의 기쁨을 위해 시작하지 않던가?

타인에게 영향력을 행사하는 데 있어 분명히 해 둘 점들이 있다.

1. 부탁의 당위성을 갖춰라

《돈키호테》의 작가 세르반테스의 말이 이를 정확히 대변하고 있다. 내가 할 수 있는 것인지, 정말 타인의 도움이 절실한 사안인지, 그렇다고 해도 그것이 부당하거나 말도 안 되는 요구인지 미리 검증하자.

논문을 쓰기 전 지도교수에게 연구주제에 대한 판단을 받는다. 연구할 만한 가치와 검증의 가능성에 대해 자문을 받는 과정이다. 마찬가지로 내가 부탁하려는 것이 정말 스스로는 할 수 없다고 명확히 판단했다면, 부탁할 대상에 앞서 다른 이에게 한

번 더 검증받는 과정도 나쁘지 않다. 무례하고 황당한 부탁은
결국 관계를 파국으로 몰고 갈지도 모른다.

2. 부탁할 대상과 상호작용하는 사이인지를 판단하라

아리스토텔레스는 《정치학》에서 인간을 가리켜 'zoon politikon'
이라 했다. 정치는 관계를 전제로 하며 관계와 관계가 얽힌 세
상을 우리는 '사회'라고 한다. 그래서일까 로마의 정치인 세네
카는 아리스토텔레스의 '정치적 인간'을 라틴어로 번역하는 과
정에서 '사회적 동물'이라 칭했다. 인간 사회는 사람 간의 상호
작용으로 이루어진다는 의미로 사용했을 것이다. 수학처럼 등
가의 관계를 유지하기란 어렵겠지만 기본적으로 주고받으며
사는 것이 사람이다. 과연 내가 부탁하려는 상대와 그만큼의 유
대관계를 쌓아왔는지를 냉정히 판단하라.

3. 부탁의 내용을 명확하게 정리하라

내 힘으로는 도저히 어찌할 수 없겠다 싶은 순간이 아니면 난
그들과의 친분을 빌미로 부탁을 하지 않는다. 아버지의 병이 생
각보다 심각하게 진전되었다는 사실을 알고 나서 눈앞이 캄캄
했을 때였다. 당시 첫 책을 출간하기 위해 초고를 넘긴 상태였
는데 돌연 출판사 사장의 인맥이 떠올라 염치불구하고 부탁했
다. "제가 대학병원에 아는 분들이 많아요. 전화해서 한번 알아
볼게요." 너무 고마웠다. 그리고 그를 통해 중요한 조언을 얻을

기회가 왔다. 그런데 전혀 도움이 되지 않는 상황이었다. 문제는 나의 설명에 있었다. 처음 겪은 일에 아버지의 정확한 상태와 우리 가족이 원하는 것을 명확히 전하지 못했다. 결국 두 번 부탁할 수 없어서 다른 대학병원을 무작정 찾아갈 수밖에 없었다.

4. 원하는 답을 얻지 못했다면 '상대적 크기'를 줄여서 다시 부탁하라

첫 책《좋은 사람이 좋은 말을 한다》의 초고를 2022년 한 해에만 열 곳의 출판사에 보냈다. 결과는 두 가지였다. 메일로 거절의 의사를 밝힌 출판사와 아무 대답이 없는 기다림이었다. 메일은 한결같았다. "귀하와 함께 하지 못하게 되어 아쉽습니다." 일부 출판사에는 원고를 수정해서 다시 보내기도 했으며, 몇 곳은 담당자에게 직접 전화해 내 글의 부족한 점을 솔직히 말해달라고 부탁했다. 그를 통해 얻은 귀한 조언들로 글을 수정해 나갔다. 확신 없는 책을 덜컥 출간해줄 수는 없었지만 다른 출판사에 도전할 때 갖춰야 할 부분들은 충분히 조언해줄 수 있었을 것이다. 상대적으로 작은 부탁이니 말이다. 그렇게 1년여 만에 정확히 11번째 도전한 출판사에서 고맙게 손을 내밀어주었다. 이렇게 진정성과 책임감을 가진 부탁이라면 몇 번 반복한다고 해서 큰일이 생기진 않는다.

5. 끝내 부탁이 관철되지 않았을 때도 관계를 유지할 것임을 분

명히 다짐하라

아나운서 시험을 5년여 간 응시하며 수많은 탈락을 경험했다. 마치 실연당하는 것과 같은 고통이었다. 매년 초가 되면 부푼 희망으로 다시 시작했다. 그리고 가을에 시작한 채용 절차가 겨울 언저리에 마무리되고 나면 항상 실연의 고통으로 방황했다. 그럼에도 나를 선택하지 않은 주체와 원하는 것을 얻지 못한 나를 미워하지 않았다.

우리가 상대의 영향력에 휘둘리지 않고 내가 원하는 것을 제대로 요구할 수 있으려면, 그것이 관계에 치명적 영향을 미치도록 두면 안 된다. 실연의 아픔은 시간과 또 다른 사랑이 해결해준다. 니체도 말했다. "나를 죽이지 못하는 고통은 나를 더 강하게 만든다."

남태평양 멜라네시아의 여러 섬들은 '쿨라kula'라는 문화를 공유한다. 영어로 'ring(원)'이라는 의미다. 한 섬에서 다른 섬에 조개로 만든 팔찌를 선물하면 받은 섬에서 목걸이를 보내며 함께 의식과 축제를 벌인다. 섬들을 돌고 돌아 결국 하나로 가는 의식이다.

인간은 근본적으로 누군가를 돕고 싶어 한다. 받으면 주고 싶고, 주고 나면 돌아오는 것이 있다. 때로 우리는 즉각적인 반응이나 돌려받을 기대 없이 상대에게 베풀기도 한다. 호혜성은 오랜 시간 관계를 이어온 사람뿐만 아니라 처음 만나는 이들에게도 유효한 이야기다.

나는 거의 매일 이를 경험한다. 1시간을 넘겨 지하철로 출근하며 20여 개의 역을 지난다. 고된 출퇴근길이지만 노인들과 아이들에게 항상 자리를 양보한다. 어르신들은 고맙다는 인사와 더불어 꼭 하시는 말씀이 있다. "고마워요. 가방 무거울 텐데 이리 줘요." 그렇게 가방을 주고받기를 일어섰다 앉기를 반복하다 보면 어느새 목적지에 도착한다.

어찌 보면 삶은 그런 건지도 모른다. 주거니 받거니 하는 것. 때로는 완곡하게 거절하기도 하고, 어느 순간은 간절히 바라기도 하는 것. 그 안에는 진정성과 책임감이 필요하다. 너무 멀리 가지도, 너무 깊숙이 다가서지도 마라. 딱 서로에게 돌아갈 수 있을 정도로 부탁하고 부탁받자.

POSTSCRIPT

부탁은 관계를 전제로 상대에게 영향력을 행사하는 행동이다.

호혜성이라 함은 부모 자식처럼 주고받음의 양적 균형을 따지지 않는 사이의 이야기다. 이외 대부분의 관계는 균형적 호혜성을 기반으로 한다. 쉽게 말해서 축의금을 10만원 받았다면 그에 준하는 금액이나 선물이 전해져야 한다는 의미다. 내가 더 받으려 하는 부정적 호혜성은 관계를 위태롭게 한다. 마찬가지로 무엇인가를 부탁했거나 심지어 돈을 빌린 경우, 긍정적 호혜성을 이루려면 시간적으로 너무 늦거나 양적으로 심하게 부족해서는 안 된다.

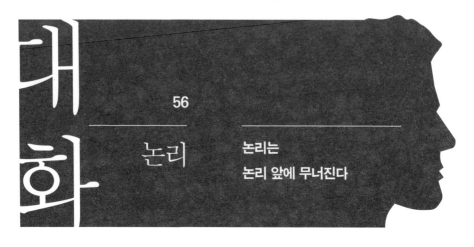

56

논리

논리는
논리 앞에 무너진다

직업에 따른 편견은 일종의 확증편향이지만 직업적 성향을 무시할 수 없는 것도 사실이다. 대표적 편견이 있다. 군인은 가부장적이고, 교사는 가르치려 들며, 기자는 추궁하듯 논리를 들이 민다는 것이다. 이 편견에서 자유롭지 못한 'ㄱ' 기자가 하루는 내게 고민을 토로했다.

"선배, 연애할 때는 말이 안 통해도 그저 좋았거든요. 그런데 같이 살수록 답답해 미치겠어요. 논리도 없고, 물에 물 탄 듯 술에 술 탄 듯해요." 그들은 연애할 때부터 비슷한 언쟁을 가끔 보였다. 후배는 항상 말을 하는 쪽이었고, 상대 여성은 늘 듣기만 했었다.

후배의 말에 내가 웃으며 슬쩍 그에 대한 평소 생각을 건넸다. "그래? 네가 취재원 대하듯 하는 거 아니야?"

그는 예상대로 팔짝 뛰었다. "예? 말도 안 돼요. 누가 집에서도 그래요. 일도 신물이 나는데."

'ㄱ'은 편안한 말투와 인상을 가졌지만 내용만큼은 항상 사실과 논리를 앞에 두었다. 때로는 마치 선거를 앞두고 마주 앉은 토론자처럼 대화를 이끌었다. 어느 순간부터 나는 논쟁을 하자고 덤벼드는 이들에게 "그래? 그 말도 맞네"와 같은 양시론(兩是論)을 구사한다. 맞는지 틀린지 섣불리 판단을 내리지 않기 위한 습관이다.

또한 서로 도움될 게 없는 논쟁으로 에너지를 낭비하고 싶지 않아서다. 대화의 우위를 차지하기 위해서 혹은 관계에서 유리한 고지를 점하기 위한 논쟁은 스스로 약한 구석을 드러내게 만든다. 논쟁에서 이긴다 한들 서로에게 남는 게 무엇인가? 다음의 법정 공방은 '논리'의 의미를 다시 생각하게 한다.

화술을 배우기 위해 한 스승을 찾았던 제자는 수업료를 떼먹으려고 법정에 선다. "스승님은 사람들을 설득하는 기술을 가르쳐 주시기로 하셨어요. 이 법정에서 제가 수업료를 받지 않도록 스승님을 설득하면 받아들이셔야 하겠지요. 하지만 스승님은 끝까지 수업료를 내라 하시니 제가 배운 것은 소용없는 화술이 아닙니까? 그래서 수업료를 내지 않겠다는 것입니다."

이에 스승이 말한다. "무슨 말인가. 자네야말로 내가 설득당해 수업료를 받지 않기로 결심한다면 수업료를 내야 맞는 게 아닌가? 내가 제대로 설득 기술을 가르친 셈이니 말이지. 하나 더. 이제는 자네가 나를 설득하지 못해도 수업료는 내야 할 거네. 재판에 졌으니 판결에 따라야 하지 않겠나!"

> **우리는 확실하다는 말로 사람들을 설득시키려 한다.**
> **하지만 그 믿음은 주관적 확실성일 뿐이다.**
> _비트겐슈타인(철학자)

"그래서 최근 의견 대립이 심했던 사안은 뭐였는데?" 차분히 얘기를 들어볼 요량으로 'ㄱ'에게 물었다.

깊은 숨을 몰아쉰 그는 긴 이야기를 풀어냈다. "선배도 알지만 저는 재혼이잖아요. 아내가 아들을 친자식처럼 키워줘서 고맙긴 하죠. 그런데 처음 아이를 키워 봐서 그런지 교육 이야기를 할 때마다 소통이 안 돼요. 아이가 작고 소심하니 따돌림을 당한 모양이에요. 아내가 그러더라고요. '당신이 학교에 가서 담임에게 얘기해봐'라고요. 그래서 제가 그랬죠. '그건 당신이 잘 몰라서 하는 소리야. 학교에 알리면 일이 커지잖아. 내가 아이든 그 아이 부모든 만나서 먼저 얘기해볼게'라고요. 아내가 그게 또 못마땅했는지 '우리 애가 더 심하게 따 당하면 그때는 어쩌려고요?' 하더라고요. 그래서 말했죠. '그게 아니야. 자꾸 도망 다니고 공개적으로 약자로 찍히면 남자들 세계에서는 더 힘들어진다고. 내가 알아서 할게!'라고요. 제 말이 틀렸어요?"

내게는 "아이 교육의 주도권은 내게 있어. 그냥 내 의견에 따라줘!"라고 외치는 'ㄱ'의 모습만이 그려졌다. "그건 당신이 잘 몰라서 하는 소리야"든지 "그게 아니야"로 시작하는 이야기는 자신의 결론이 답이라는 통보일 뿐이다. 후배는 평소 대화에서도 입버릇처럼 이야기의 끝에 이렇게 덧붙였다. "내 말이 틀려?"

이는 마치 허수아비만 때려대며 빈약한 논리를 강요하는 것과 다를 바 없다. 보통 '논리의 오류' 혹은 '허수아비의 오류'라고 한다. 스스로가 잘못된 믿음을 기반으로 상대의 주장이나 의견을 과장해서 비판하는 것을 가리킨다. 'ㄱ' 본인조차도 아이를 키우며 발생하는 문제들은 처음 겪는 일임에도 불구하고 아내의 의견은 '당신은 아이를 키워 보지 않아서 그래' 혹은 '남자들의 세계를 잘 몰라서 그래!'라며 본래의 사안과는 다른 불합리한 추론으로 상대의 의견을 무시하고 있지 않는가.

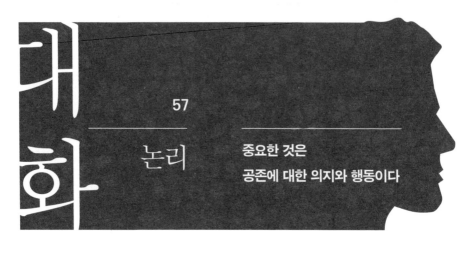

심리학자들은 통상 남성은 내용에 집중하고, 여성은 관계에 집중한다고 분석한다. 사실과 논리에 매몰되기 쉬운 쪽은 남자라는 뜻도 된다. 갈등이 없을 때는 서로 다른 성향이 도드라지지 않는다. 본심은 위기에 드러난다. 이혼 법정에 서는 대부분의 부부들은 헤어지는 이유로 소통의 어려움을 호소한다. 말 그대로 말이 통하지 않는 상황에 이른 것이다. 관계를 끝내고 싶은 이들이 상대의 이야기에 귀 기울이지 않는 것은 어쩌면 당연하다. 이 지경에 이르고 나면 더 이상 논리로는 상대의 마음을 되돌릴 수 없다. '결'이 같아 시작한 관계가 어쩌다 '코드'가 맞지 않는 콘센트와 플러그가 되고 만 것일까.

아이 문제도 궁금하고 상대의 의견도 들어볼 겸 후배의 아내와 통화를 해봤다. 아니나 다를까 후배와는 전혀 다른 이야기가 나왔다. "항상 말뿐이에요. 교육 문제는 제가 다 챙기고 있는데, 얘기를 꺼내면 '다 그런 거야. 내가 알아서 할게' 하고는 끝이에요. 구체적으로 행동으로 옮기는 걸 본 적이 없어요. 결국 부부 싸움으로 끝나고 말죠."

남자라서 남자아이를 잘 안다는 논리조차도 아내에게는 대책 없는 핑계로 들렸을 것이다.

좋은 리더는 이론에 앞서 행동으로 보여준다. 논리나 이론 따위는 현실의 괴리감 앞에 무력하기 때문이다. "내가 얘기해볼게"보다는 "내가 이야기를 해봤더니"로 시작하는 대화에 상대는 더 납득하게 된다.

후배 'ㄱ'의 실수는 여기에 있다. 아이와 대화해보고, 아내를 설득했어야 한다. 문제를 축소해 덮기보다는 직접 상대 부모와 담임선생님을 만났어야 한다. 한 가정의 가장은 그 어느 조직의 리더보다 중요한 위치다. 조직이든 가정이든 논리로는 구성원의 믿음을 얻기 어렵다.

의심하는 이가 문제인가, 어리석은 확신이 잘못인가? 이는 달걀이 먼저냐, 닭이 먼저냐의 논쟁만큼이나 무의미하다. 둘 모두 공존과는 거리가 있기 때문이다. 사람들은 쉽게 자신의 누적된 지식과 경험을 기반으로 확신을 갖는다. 그것과 일치하는지의 여부에 따라 '정상'과 '비정상'으로 나눈다.

흔히 "나 정도면 괜찮지"라고 말한다. 저마다 '평균 이상 효과'에서 자유롭지 않은 것이다. 예를 들어 운전을 평균 이상으로 잘한다는 등의 착각이다. 조직 안에서 나는 제법 좋은 선배이자 상사라고 자평하며 가정에서도 자신을 평균 이상의 꽤 괜찮은 남편이자 아버지라고 생각한다는 뜻이다.

의심과 확신의 괴리를 극복할 수 있는 길은 단 하나다. 상대를 인정하고 그의 말을 받아들이는 구체적 행동이다. 이는 남성과 여성의 차원이 아니다. 대화는 궁극적으로 상대의 동의를 구하는 과정이기 때문이다. 사회적 동의를 얻지 못한 행동을 우리는 흔히 미친 짓이라고까지 말하지 않는가.

POSTSCRIPT

얼마 후 다시 만난 'ㄱ'에게 난 조심스럽게 이런 의견을 전했다.

"크고 작은 문제 앞에서 관계를 지속하고 싶다면 논리적인 말 따위는 집어치워야 해. 벌어진 일에 대한 분석이 아닌, 앞으로 함께 할 일들에 대해서 물어야 한다고. '그랬구나, 당신은 어떻게 생각해?' 그리고 '우리가 할 수 있는 대처방안은 무엇일까?'로 다시 논의를 시작해봐. 아이한테도 아내한테도 말이야."

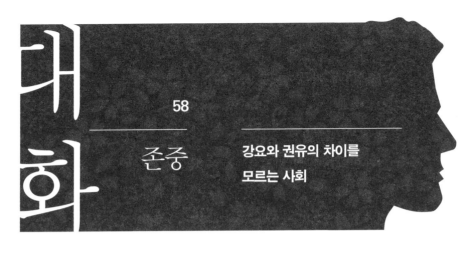

58

존중

강요와 권유의 차이를
모르는 사회

한 때 대한민국은 '강권'하는 사회였다. 회식자리에서 술 마시기를 강요받았으며, 때가 되면 함께 식사해야 했다. 대학을 갈 것인지, 인생 낙오자가 될 것인지 선택을 요구받았고, 정년기가 되면 취직과 결혼을 해야 했다.

구시대적 강요의 사회에서 벗어나나 싶었는데, 대기업이 주도하는 소셜네트워크 서비스가 그 역할을 이어받았다. 가만히 보고 있으면 누군가가 내 뇌에 끊임없이 속삭이는 것 같다. "아직 유튜브 채널 운영 안 하시나요?", "30대부터 루테인과 콜라겐을 꾸준히 먹어야죠!", "요즘 인기 있는 아이돌 이름쯤은 알아야 아재 소리 안 듣습니다"라고 말이다. 알아야 할 것과 해야 할 것들이 천지다. 마치 "네가 지금 당장 해야 할 일들이야!"라는 명령처럼 들린다.

자유의지에 따른 선택을 묵살하고 강요를 칼처럼 휘두르는 사회라면 과장일까? 우리에게 주어진 유일한 선택권은 아무것도 안 하는 것뿐이다.

어디 아이들에게만 해당하는 말이겠는가. "해야만 해서 하는 것을 꼭 강요라고 할 수 있을까요?" 이렇게 말하고 싶은가? 한 가지만 생각해보면 강요와 명령이 가져오는 부정적인 소통을 이해할 수 있다. 바로 '청개구리'다. "TV 그만 보고 공부해!"라거나 "지금 밥 안 먹으면 굶을 줄 알아" 혹은 "이제 그만 결혼해야지!" 등의 말들은 하기 싫게 만드는 묘한 언어들이다. 인간은 뻔히 자신에게 도움이 되는 줄 알지만 스스로의 판단에 앞서 누가 하라고 하면 하기 싫어지는 본능을 가지고 있다.

청개구리 심보는 물리학의 '리액턴스 효과reactance effect'에서 유래했다. 전기는 저항이 강할수록 반발력도 크다는 이론이다. 아이들이 좋아하는 장난감을 낮은 담벼락과 높은 담벼락에 놓아두면 무엇을 먼저 집어 들겠는가? 연구에 따르면 높은 곳이었다. 그러고 보니 한 카드사의 광고 문구는 훌륭한 마케팅 원리를 내포하고 있다. "아무것도 안 하고 싶다. 이미 아무것도 안 하고 있지만 더 격렬하게 아무것도 안 하고 싶다." 선택하기를 강요받는 현대인들의 과도한 부담을 희화화한 메시지라고 해석할 수도 있다.

나 역시 홈쇼핑 채널에서 "지금 사셔야 해요"라거나 "이건 무조건이에요" 혹은 "방송을 보신 분들은 행운이에요!" 등의 강권하는 언어를 들으면 더 이상 물건을 사지 않게 되었다. 강요나 명령이라고 느끼는 순간 소통은 불통이 된다.

말은 권력과 같아서 지지받지 못하면 힘을 잃는다. 동의를 구하지 못한 권력은 반발과 회피로 이어질 뿐이다. 반발을 최소화하고 스스로 움직이도록 만들 수는 없을까? 일상에 답이 있다. "지금 밥 안 먹으면 이따가는 없어!"라는 말에 아이들이 뭐라고 하는가? "내가 먹고 싶으면 먹을게!" 또한 "도대체 결혼은 언제 하려고 허구한 날 친구들하고 술만 마시고 다녀?"라는 어머니에게 "아, 내가 하고 싶으면 하겠지. 걱정하지 마세요"라고 아들이 말한다. 답은 '하고 싶으면'에 있다. 결국 스스로 원해서 선택하게 하는 것이 이상적이다.

이렇게 해보자. "밥을 제때 먹지 않으면 엄마가 밥을 두 번 차려야 하니 힘들겠지? 아들이 지금 먹어주면 좋겠는데" 또는 "지금 숙제하면 엄마가 도와줄 시간이 되는데, 이따 밤에 혼자 하려면 힘들지 않겠어?"라고 말이다. 스스로 판단할 수 있도록 '권유'하는 것이다. 개인의 의지를 독려하고 행동을 존중하는 것이다.

지금은 혼자라도

두 사람의 어제로부터 오늘이 생겨 나와 반짝이네.

_ 인생의 회전목마, 〈하울의 움직이는 성〉 OST

"상사가 업무를 지시하는 상황이 어떻게 명령이 아닌 권유가 될 수 있나요?" 부모들은 이렇게 혀를 찰지 모른다. "아이고, 존중이요? 그렇게 이상적이면 애 키우는 게 힘들 이유가 없죠. 현실에서 애들이 어디 그런 말을 듣던가요?" 맞는 말이다. 모든 순간에 모두에게 통하는 대화의 기술 따위는 없다.

그러면 아이가 아닌 당신은 어떤가? '서로를 높이어 귀하게 여기는 것'이라는 '존중'의 뜻을 알았다면 가족에게 직장동료 선후배에게 한번 시도해보자. 과연 효과가 있는지 말이다. 당신이 고객을 상대하는 직업이라면 더 좋겠다. 고객들은 기본적으로 보수적이고 불친절할 확률이 높으니 말이다. 그들에게 선택할 수 있는 기회와 자유 그리고 시간을 주어라.

평화로운 공존에 관심이 없다면 모든 경우 원칙에 충실해도 좋다. 분명한 한 가지는 인간은 혼자서는 살 수 없다는 점이다. 잊지 말자. 당신은 누군가의 자식이고 부모이며 친구이자 상사다. 때로는 갑이었다가 언제든 을이 될 수도 있다.

관계는 돌고 도는 인생의 회전목마와 같다.

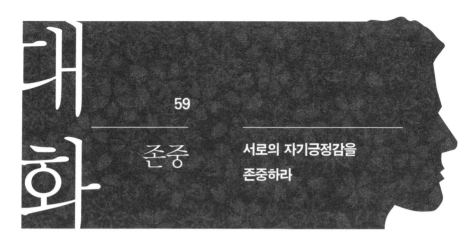

59

존중 　　서로의 자기긍정감을
　　　　　존중하라

상사에 대한 불만은 술자리의 단골 안주거리다. 어떤 회사 여느 직종이든 공통적으로 등장하는 최악의 상사 유형은 비슷하다. 무조건 복종하라는 권위적인 상사, 일은 떠넘기고 공은 가로채는 상사, 무능한 상사 그리고 함부로 말하는 상사 정도일 테다. 으레 악당들이 그렇듯 모두 갖추었을 가능성이 높다. 무능함을 만회하려 아랫사람들에게 일을 전가하며 나약함을 감추려 명령과 막말이 일상인 상사. 그들과 함께하는 조직생활은 우리를 병들게 한다. 그들의 입을 떠난 강요나 명령이 우리의 '자기긍정감'을 허물기 때문이다.

자기긍정감은 자존감과는 구분되는 개념이다. 자존감은 인간 본연 자체로 스스로를 긍정적으로 봐라 봐야 한다는 의미다. 반면 자기긍정감은 스스로의 능력과 행동에 대해 긍정적으로 평가함을 뜻한다. 누군가에게 무시받았다고 느낄 때는 자존감에 상처를 입은 것이고, 상대가 나의 가치를 깎아내리는 언행을 할 때는 자기긍정감을 위협받는 것이다.

자기긍정감을 스스로 훼손하는 이들도 많다. "내가 하는 게 다 그렇지모", "이번 생은 틀렸어" 등의 자조적인 혼잣말이 마치 주술처럼 자신의 발전을 막아선다. 반면 근자감이라 부를 만큼 스스로의 능력에 깊은 긍정성을 부여하는 이들도 못지않게 많다. 군이 고르라면 후자의 삶이 행복의 가능성을 높여줄 것이다.

중요한 것은 전자든 후자든 상대가 자기긍정감에 반하는 표현을 하면 화가 난다는 점이다. 자기긍정감은 생각과 의식의 차원이라기보다는 감각의 영역이다. 이는 마치 공기와 같아서 평소에는 그 존재나 가치를 체감하지 못한다. 비로소 스스로 무너지거나 누군가 위협할 때 감각으로 느끼게 된다. 현대인들의 자기긍정감은 스스로 지키기는 어렵고 타인에 의해 훼손되기는 쉬운 위태로운 상태에 놓여있다.

'존경'이 타인에 대한 평가로 내려진 결론이라면 '존중'은 그의 마음을 헤아리는 노력의 과정이다. 자기긍정감을 지켜주는 존중 화법에 대해 난 다음과 같이 정리한다.

첫째, 선택할 수 있는 경우의 수를 제시한다.

자기긍정감이 높은 사람은 자신의 욕망에 솔직하다. 반면 낮은 이들은 하고 싶은 것에 대해서도 시원하게 표현하지 못한다. 일방적인 명령 앞에서 전자는 불만을 품고, 후자는 스트레스를 받는다. 둘 모두에게 가장 좋은 방법은 선택의 폭을 넓혀주는 것이다.

둘째, 강요보다는 권유의 표현을 쓴다.

수십 년 간 교사생활을 한 지인의 어머니는 종종 이렇게 말한다고 한다. "딸, 엄마를 위해서 설거지를 해주면 좋을 텐데" 혹은 "딸, 이제 공부하는 게 어떨까 싶네요"와 같이 말이다. 평소와는 다른 분위기와 표현으로 자신의 마음을 완곡하게 드러내는 것이다. 그 결과를 장담할 수 없으나 적어도 반발의 강도는 약하지 않을까.

셋째, 종결형보다는 질문형으로 마무리한다.

같은 업무지시라도 상대의 의중을 묻는 형태가 되면 완곡해진다. "오늘까지 끝내야 하는 일인데, 야근이 가능하겠어요?"라거나 "지난달 업무일지 다시 정리해줄 수 있겠어요?"처럼 하는 것이다. "오늘은 무조건 야근입니다. 퇴근할 생각들 마세요"와 "지난달 업무일지 다시 정리해서 제출하세요"라고 하는 것과 하늘땅 차이이다.

> 도우의 검은 나쁘지 않았소.
> 다만 그대들과 우리가 보낸 시간이 너무 다를 뿐이오.
> _ 만화 《화산귀환》 중에서

상대의 자기긍정감을 존중해야 하는 이유는 명확하다. 자기긍정감이 높아질수록 사람들은 '해야 한다'가 아닌 '하고 싶다'로 변해가기 때문이다. 관계에 있어 진심을 앞에 두는 사람들은 조건이나 상황과 같은 외형적 형태가 아닌 서로의 마음에 집중한다. 그것이 타인에 대한 존중이라고 믿기 때문이다.

만화 《화산귀환》의 대사는 무술을 닦는 과정에서 튼튼한 기초의 중요성을 얘기하고 있지만 상대가 탑을 쌓아 올리는 동안의 과정을 존중해야 한다는 의미로 바꿀 수도 있으리라. 누군가를 존중한다는 것은 그의 말이나 의견을 받아들이는 것을 넘어서는 개념이다.

POSTSCRIPT

상대를 존중하면 나의 자존감과 자기긍정감도 그만큼 성장한다.

버스에서 내리며 "안녕히 가세요!"를 외치는 소녀를 보았다. 비슷한 시간대 매일 같은 버스를 타다 보면 마주치는 단골 승객들 중 하나다. 과연 버스기사가 들을 수 있을지 의문이었지만 다정하게 던진 "안녕히 가세요"라는 말은 버스 안에 따뜻한 울림으로 남는다. 다람쥐 쳇바퀴 돌 듯 종일 같은 노선을 반복해 오가는 기사를 향한 위로의 언어다. 또한 남겨진 승객들을 향하는 낯선 이의 다정한 인사다. 그녀는 자신의 철학과 용기를 담아낸 말 한마디로 버스기사의 자기긍정감을 높여주었음이 분명하다. 그녀 자신이 그것을 알았으면 좋겠다. 그녀가 느낄 수 있도록 언젠가 다시 마주친다면 이렇게 말해주리라. "손님도 조심히 가세요! 또 봅시다." 타인을 높이면 자신도 높아진다.

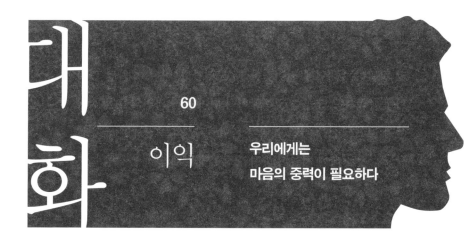

이익

**우리에게는
마음의 중력이 필요하다**

"**선**수의 복귀가 늦어지면 다른 방법을 강구해야겠지요."

야구팀 감독의 비장한 인터뷰가 팬들의 이목을 끌었다. 팀의
에이스 투수가 가벼운 부상에도 외국으로 검진을 떠난 것을 두
고 한 말이었다. 용병이라고 부르는 외국인 선수들은 자신의 몸
상태에 극도로 예민하다. 성적 부진에 언제든 퇴출되어 백수가
되기 일쑤니 이해도 간다. 그러니 국내 선수보다 몸 상태에 더
민감할 수밖에 없다. 그러나 순위 싸움을 해야 하는 팀의 입장
에서는 무한정 기다릴 수도 없는 노릇이다.

서로의 이익이 상충하는 경우는 일상다반사다. 평화로운 시
기에는 모두가 호인이다. 서로가 누릴 이익이 명확할 때는 대화
도 설득도 어려울 것이 없다. 사람의 역량은 위기에 빛을 발하

293

고 뒴뒴이는 바닥에 떨어졌을 때 드러난다. 어떤 이는 남 탓하기에 급급하고, 누구는 고무공처럼 튀어 올라 타인의 손을 잡아 끌어준다. 당신은 어떤 유형의 사람인가? 서로 양보할 수 없는 갈등 상황을 하나 떠올리고 다음 질문에 답해보자.

- 내 제안과 상대의 제안을 통해 나에게 더 좋은 방향은 무엇인가?
- 내 제안과 상대의 제안을 통해 상대에게 더 좋은 방향은 무엇인가?
- 두 제안이 상충한다면 어떻게 타협할 것인가?
- 그 타협점을 통해 서로의 이익을 극대화할 수 있는가?
- 그 타협점이 내 이익을 침해한다면 어떻게 할 것인가?
- 상대를 위해 내 이익의 일부를 양보할 수 있겠는가?
- 타협이 결렬되었을 시에도 상대와의 관계를 지속할 수 있는가?

우주 비행사들이 오랜 우주탐사에서 무사히 지구로 귀환한 후 가족과 상봉하는 모습에 경의를 표한다. 그들은 우주의 암흑 속에서 아름다운 지구를 내려다보며 가족을 생각했을 것이다. 또한 실존하는 두려움과 공포를 이기며 임무를 완수해냈을 것이 분명하다. 항상 그들은 누군가의 부축을 받거나 지팡이에 의존한 채 모습을 드러낸다. 이유는 중력이 없는 상태에 오랜 시간 몸이 노출되었기 때문이다. 인간이 느끼지 못하는 중력은 그만큼 생존에 필수요건이다.

나는 우리 마음에도 저마다의 중력이 존재한다고 믿는다. 대화를 통해 각자의 중력을 지키고 서로의 중력을 존중해야 한다. 그래야 제멋대로 튕겨나가 길을 잃지 않고 제대로 살아갈 수 있다.

우리는 말을 처음 건넬 때 "미안한데요" 혹은 "죄송합니다만"이라고 한다. 부탁하는 상황이 아님에도 자신을 낮추는 방식으로 '미안하다'와 '죄송하다'를 입에 달고 사는 이들도 많다. 왜 그럴까? 말을 건네고 대화를 시작한다는 것은 서로의 중력이 충돌하는 순간이기 때문이다. 문을 열고 들어서기 전 노크를 하듯 그의 중력 안으로 들어가 나의 의사를 관철시켜야 하기에 본능적으로 양해를 구한다.

누군가 물었다. "자신에게 떳떳하고 잘못한 게 없으면 자신의 감정과 주장을 더 명확하게 표현해도 되는 것 아닌가요? 굳이 매사에 굽히고 들어가는 건 아닌 것 같아요. 부모님이 누구 앞에서든 항상 자신감 있고 당당하게 행동하라고 하셨거든요!"

물론 겸손을 가장하기 위해 미안함을 전략으로 쓸 필요는 없다. 대신 겸손함을 잃어서도 안 된다. 미안함이 없다고 해도 관계에서 우리가 항상 겸손해야 할 이유는 차고 넘친다. 제 혼자의 노력으로 이루어지는 일은 세상에 단 한 가지도 없다.

무중력이 우주인에게 미치는 부정적 영향은 두 가지다.

하나, 중력으로 인한 대기의 압력이 사라지면 뼛속의 칼슘이 급속하게 빠져나간다. 실제로 우주 비행사들은 고질적 골다공증에 시달린다고 한다. 충격과 압력이 사라진 조건에서 오히려 뼈의 밀도가 감소해 물러지는 것이다.

자신의 중심을 잡아주는 마음의 중력이 없다면 우리 안의 이로운 것들이 빠져나가는 것을 막지 못할 테다. 당신을 밀고 당기는 타인의 중력을 견디고 이겨내며 자아는 성장한다. 피할수록 연약해질 뿐이다. 부딪혀 견뎌내지 못한다면 결국 상처 입을 것이다. 자존감이나 자기긍정감 혹은 신체효능감이나 회복탄력성 같은 이론들은 자신을 사랑하고 존중하는 것에서 소통과 관계가 시작됨을 이야기하고 있다. 세상이라는 망망대해 속에서 내 마음을 지킬 자양분이 빠져나가게 두지 마라. 그 외로움과 적막함이 우리를 산산이 부숴버릴지 모른다.

둘, 중력의 도움이 없다면 근육 또한 급격히 손실되어 간다. 아무리 좋은 운동기구를 사용해도 중력 없이는 근육이 성장하지 못한다. 근육은 중력을 거스르며 발달하기 때문이다.

자신의 주장이 옳다고 핏대를 세우는 이들, 신념이 다르다는 이유로 내게 칼을 겨누는 이들, 이들에 맞설 당신의 언어력을 키워야 한다. 그것이 정신의 근육이며 내 소통의 힘이다. 각자가 마음의 중력을 굳건히 유지할 때 우리는 사람과 사람 사이의 적당한 거리를 찾아가며 마음의 근력을 키워나갈 수 있다.

족쇄라고 생각하는 대부분이 내 삶의 중력이다.
_김미경

설전에서 패해 피를 흘리며 사라져 가거나 이겼다고 상대 위에 군림하고자 함은 진정한 대화의 목적이 아니다. 우리가 소통하는 이유는 지구라는 행성에서 함께 살아내기 위해서다. 공존하기 위해서다. 때로는 손해를 볼 수도 간혹 온전히 이익을 독차지할 수도 있다. 관계에서 다 가지려고 하는 것은 과욕이고 모두 내주는 것은 무능이다.

우리는 중력이나 공기처럼 항상 존재하는 것들을 인식하지 못하고 그것의 고마움을 잊고 산다. 상실과 결핍으로 자연스럽게 감사와 겸손을 배우던 시대가 있었다. 물질의 풍요와 고도화된 기술은 결핍을 부자연스러운 것으로 바꾸었고, 이를 느끼는 것은 좌절과 우울의 원인이 되었다. 겸손과 감사를 모르면 결국 위기와 실패를 딛고 일어설 힘도 상실하게 된다. 관계와 대화에서 우리가 궁극적으로 이루고자 하는 공존은 공기나 중력과 같다.

'공존(共存)'이 아니면 '비존(非存)'이 있을 뿐이다.

POSTSCRIPT

대화는 나와 너의 공통 이해를 찾아가는 행복한 여정이다

'이(利)'를 따르는 삶은 무엇이며, '의(義)'란 어떤 의미일까.《대화의 격》을 통해 내가 전하고자 했던 '말의 철학'은 여기에서 출발했다. 수

많은 '잘 말하는 법'에 대한 책과 강의를 접하며 하고 싶은 이야기는 하나였다.

"자기계발서를 따라 한다고, 방송인의 강연을 흉내낸다고 그처럼 되지는 못합니다. '여러분 모두 저처럼 될 수 있어요'라고 말하는 이들은 자신이 그렇게 만들 수 있다고 착각하는 것입니다. 누구도 저만큼 혹은 그 이상 할 수 있을지 몰라도, 저처럼 할 수는 없습니다."

때로는 당신의 말을 잠시 중단하고 상대의 이야기를 그냥 들어줘라. 어떤 경우에는 조금 손해 보고 피곤해도 누군가의 부탁을 들어줘라. 단, 당신의 중심을 지키고 원칙을 꾸준히 실천해야 한다. 나의 중력 안에서 경계를 명확히 지킬 때, 그것이 나의 정체성이 된다. 그 경계는 아집과 고집으로는 지켜나갈 수 없다. 서로의 경계를 가늠하고 존중하는 것이 바로 '대화의 격'을 갖추는 길이다.

대화를 통해 궁극적으로 우리가 이루고자 하는 것은 상대를 짓밟고 올라서는 것도, 탁월한 설득으로 상대의 포기를 얻는 것도 아니다. 대화와 설득은 서로의 세계를 존중하고 더 많은 이익을 나눌 방법을 함께 고민해가는 과정이다.

이로움을 원한다면, 의로움을 선택하라.

대화를 마치며

2 0년 넘게 앵커이자 아나운서로 살면서 내가 가장 많은 부탁을 받은 두 가지가 있다. 하나는 "내 결혼식 사회 봐줄 거지?"와 다른 하나는 "나 격식 있게 말하는 방법 좀 알려줄래?"였다. 결혼식 사회는 어느새 주례를 봐야 할 나이로 넘어가며 더 이상 안 해도 되는 상황이 되었지만 품격 있게 말하고 싶은 이들의 부탁은 여전히 진행형이다.

'격'은 곧 '공존을 위한 약속'이다. 때와 장소 그리고 상황과 사람에 어울리는 대화가 격에 맞는 대화다. 아이와 더 잘 대화하기 위해선 무릎을 꿇어야 한다. 한때 패밀리 레스토랑에서 무릎을 꿇고 고객과 눈높이를 맞추며 주문받던 시절이 있었다. 이제는 사라진 문화라고 봐도 된다.

그것이 시대의 흐름 때문인지, 세대의 성향에 따른 것인지, 인

권과 노동권의 진보 덕인지는 잘 모르겠다. 누군가 시행하려 한다면 아마 아르바이트를 하는 젊은 세대의 자존감에 상처를 주는 악덕 업주의 갑질로 고발당할지도 모른다.

물리적으로 누군가에게 무릎을 꿇는 시대가 아님을 인정한다. 그렇다고 마음의 벽을 세우고 그 너머로 툭 말을 던져 넘기는 소통이 지지받지도 못한다. 대화에서 우리의 말은 상대에게 치기 좋게 잘 달래서 넘겨주는 탁구공과 같아야 한다. 단절과 불통, 아집과 교만, 내가 앞에 서면 뒤에 무엇이 따르든 돌아보지 않는 사람은 결코 생존할 수 없다. 물리적인 생명은 어떻게든 이어갈 수 있을지 모르지만 사회적 관계의 사형선고를 자신도 모르는 사이 받아 들지 모른다.

> **대화할 때 상대의 말에 반박하지 마라.**
> **화나게 하는 건 쉽지만 상대의 생각을 바꾸는 건 불가능하다.**
> _쇼펜하우어

언어는 인간의 감정만큼이나 복잡하고 다양하다. 그렇기에 섬세한 언어를 사용할수록 하고자 하는 표현의 정확도가 올라가며 원활한 의사소통이 가능하다. 언어의 올바른 사용은 사람에 대한 예의이면서 공존을 위한 노력이다.

지금까지 우리가 공존하기 위해서 필요한 대화의 6가지 격률에 대해 이야기했다. 격률이라는 단어에 어려움을 느낄 이유는 없다. 서로의 이익을 극대화하고 대화를 자연스럽게 흐르게 하는 '전제'나 '조건'이라고 해석하면 좋겠다. 파격은 주목을, 자격은 신뢰를, 본격에서는 목적을, 적격은 관련성을, 결격은 표현을, 품격에서는 관계를 각각 다뤘다.

이를 통해 상대의 감정을 읽고 내 생각을 표현하는 방법을 배우게 된다. 대화의 기본 전제를 배우며 우리는 상대와 나 그리고 세상을 이해하는 방법까지 터득할 것이다. 이를 통해 자신을 성장시키는 기회로 삼길 바란다.

정석, 진리, 확신. 자신이 이룬 성과가 최고라고 스스로가 설파하는 이들의 세상이다. 항상 글을 쓰는 데 있어 경계하는 것은 "나처럼 말해보세요"였다. 대화의 방식은 다양하고 표현은 상황과 대상에 따라 천차만별 다른 결과를 가져오기도 한다. 대화에서 지지 말라거나 대 놓고 이기는 대화가 능사일 리 없다.

성공이란 단어는 실패의 교훈마저 지운다. 이기는 대화는 상대를 패자로 만든다. 성공의 반대말이 실패도, 승자의 반대말이 패자도 아니다. 성공과 실패는 인생 봇짐에 들어있는 흰색과 검정색 돌처럼 언제 어느 순간 꺼내 들게 될지 모른다. 지금 좋다고 성공한 삶도 아니며 당장 어렵다고 패자가 된 것도 아니다. 우리는 모두 인생이라는 긴 여정을 온전히 살아내는 과정의 동료일 뿐이다.

인간이 신의 영역에 도전장을 던지며 바벨탑을 쌓았으나 결국 그로 인해 서로가 다른 언어로 분열해 갈등하고 싸우는 운명의 굴레를 쓰고 말았다. 언어와 대화는 서로의 벽을 낮추기 위한 도구로서의 운명을 부여받은 셈이다. 대화는 곧 삶이다. 내가 이기고자 상대의 생을 밟고 올라서는 이는 누군가에 의해 같은 처지에 놓인다. 공존을 생각하는 사람은 결코 자신의 말에 신을 가져다 붙이지 않는다. 말에 적절과 부적절은 있으나 승자의 말과 패자의 말이 있을 수는 없다.

인생에 지름길이 없듯이 대화에도 정석은 없다. 상대를 근본적으로 바꾸려는 시도는 부질없다. 내가 먼저 대화의 격률을 갖추어 나간다면 어떤 경우에도 관계와 말에 휘둘려 자신을 잃게 되는 일은 없을 것이다.

대화의 격을 갖추면 관계의 벽이 사라진다.

인간관계와 자기긍정감을 높이는
대화의 기술 60

대화의 격

초판 1쇄 인쇄 2024년 12월 11일 | 초판 1쇄 발행 2024년 12월 24일

지은이   김준호

펴낸이   신수경
디자인   디자인 봄에
마케팅   용상철
제작   도담프린팅
펴낸곳   드림셀러
출판등록   2021년 6월 2일(제2021-000048호)
주소   서울 관악구 남부순환로 1808, 615호 (우편번호 08787)
전화   02-878-6661
팩스   0303-3444-6665
이메일   dreamseller73@naver.com
인스타그램 dreamseller_book
블로그   blog.naver.com/dreamseller73

ISBN 979-11-92788-33-3 (03190)